LES
VILLAGES PRÉFÉRÉS
DES FRANÇAIS

ISBN : 978-2-0813-1191-6
N° d'édition : L.01EBAN000185.B002
Dépôt légal : octobre 2013
editions.flammarion.com

Les Villages préférés des Français est tiré de l'émission
« Le Village préféré des Français », diffusée par France Télévisions,
conçue et produite par Morgane Production.

STÉPHANE BERN

LES **VILLAGES PRÉFÉRÉS** DES FRANÇAIS

Flammarion

LES VILLAGES PRÉFÉRÉS DES FRANÇAIS

Après le succès populaire des émissions diffusées sur France 2 en 2012 et 2013 *Le Village préféré des Français* est désormais un beau livre qui exalte les charmes et les sortilèges de nos villages et témoigne de la splendeur de notre pays.

En deux ans, nous avons sillonné nos terroirs pour sélectionner quarante-quatre villages représentant les régions de France métropolitaine. Plus de cinq millions de téléspectateurs ont suivi cette année la victoire d'Eguisheim, en Alsace, qui succédait à Saint-Cirq-Lapopie, en Midi-Pyrénées, l'année dernière. Comment expliquer ce succès et le véritable engouement que l'émission a déclenché dans tous les villages de France dont de très nombreux pourraient prétendre au titre convoité de « village préféré des Français » ?

Avant tout, je crois que nous offrons là une vision positive sur la France, ses régions et son incroyable patrimoine historique, touristique, architectural, sans oublier sa formidable richesse humaine. Je reconnais que les tournages dans les villages ont nourri mon amour pour la beauté de notre pays et son exceptionnelle richesse patrimoniale. Tous ces bourgs traversés ont une histoire fabuleuse, des trésors d'architecture, mais aussi des traditions séculaires qui passent souvent par la gastronomie, et un art de vivre chaleureux qui me laisse à penser qu'il existe encore une convivialité dans les villages. Dans cette période troublée, de crise et d'incertitude, je comprends le besoin des Français de se retrouver dans les valeurs du terroir, dans ce nid douillet que sont nos régions, creusets de notre nation. J'ai toujours aimé la vie de village, avec son rapport au temps, au rythme des saisons, mais aussi le respect de l'héritage des anciens. J'ai découvert aussi à travers cette émission – et ma balade dans les villages de France – combien le patrimoine, le tourisme et l'héritage culturel peuvent être générateurs d'activités. La France est le premier pays visité du monde, nous sommes un jardin et un musée à ciel ouvert. Tirons-en le plus grand bénéfice pour nos emplois dans les villages, où l'art de vivre est plus heureux que dans la périphérie des villes.

Pour être franc, j'ai immédiatement adhéré à ce projet mené par Morgane Production pour France 2 de *Village préféré des Français*, car je crois que le bonheur est dans les petites cités, pas dans l'anonymat froid des grandes villes et comme tous les Parisiens d'adoption, j'ai la nostalgie du village de mes racines. À l'heure où la mondialisation fait peur parce qu'elle écrase tout ce qui n'est pas formaté, je crois à l'importance du village comme ancrage d'identité et de force créative pour préparer l'avenir. Sans compter que la Région prend de plus en plus d'importance aujourd'hui dans un monde uniformisé qui se disloque. C'est aussi une réaction positive à la sinistrose ambiante. Car nous avons des raisons d'être fiers de nos villages et de cette France rurale riche de son patrimoine historique, culturel et humain, qui n'est pas un musée mort, ni même un album de cartes postales anciennes, mais une mosaïque de trésors qui fondent notre richesse nationale.

J'espère que vous, amis lecteurs, prendrez autant de plaisir à retrouver sur papier glacé ces quarante-quatre villages présentés dans l'émission et que vous n'aurez dès lors qu'une hâte, prendre la route pour aller découvrir nos trésors nationaux si proches de chez nous.

Alsace

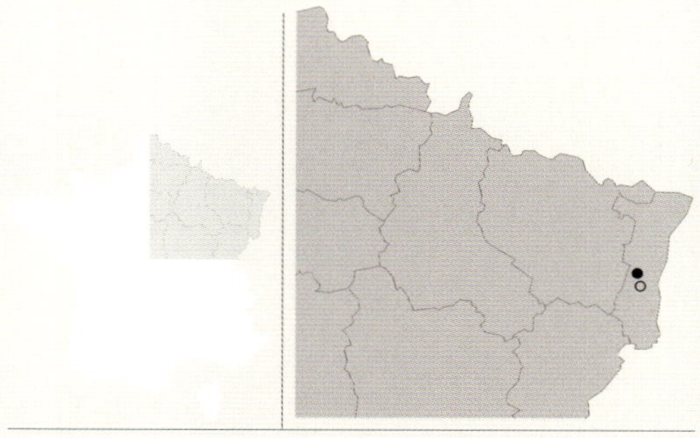

● Eguisheim ○ Riquewihr

Des vignobles à perte de vue au détour des chemins, des villages fleuris qui invitent à une halte. Des maisons à colombages, des forêts apaisantes, des collines couronnées d'époustouflantes forteresses, des villes accueillantes, l'Alsace séduit par ses richesses et sa diversité. Sa superficie en fait la plus petite région de France, mais pas la moins dynamique. Elle est avant tout généreuse et sait accueillir. Située au bord du Rhin, frontalière de la Suisse et de l'Allemagne, elle allie les marques et les traces d'une histoire tumultueuse à une sensibilité européenne bien affirmée. Elle possède un patrimoine historique d'un grand intérêt avec la cathédrale de Strasbourg, le monastère du mont Saint-Odile et une très forte concentration de châteaux forts. Elle a su valoriser son passé industriel en mettant en place de nombreux musées techniques, dont la cité du Train et la cité de l'Automobile, très visitées.

Terre d'art et de culture, elle préserve ses artisans, en particulier les potiers qui continuent à tourner dans des villages comme Riquewihr. Le répertoire gastronomique alsacien – avec la tarte à l'oignon, le *flammekueche* (tarte flambée), la carpe frite, le pain d'épice... – a fait depuis longtemps le tour du monde. Et la réputation de la famille Haeberlin, cuisiniers de père en fils, n'est plus à faire, tant cette dynastie collectionne les étoiles.

Enfin, on ne saurait considérer l'Alsace sans s'intéresser à ses cigognes et aux grands nœuds noirs traditionnels qui accompagnent si bien la beauté des Alsaciennes.

Page de gauche
Au cœur du vignoble alsacien, sur la route des Vins, le si beau village de Riquewihr.

Maisons de charme à colombages, vignobles à perte de vue et nids de cigognes. Laissez-vous envoûter par les charmes de l'Alsace...

EGUISHEIM

« Entrez, entrez dans la ronde d'Eguisheim, et en alsacien, s'il vous plaît! » Eguisheim a été élu « village préféré des Français 2013 ». Ses 1 611 habitants invitent tout le monde à faire la fête. Des dizaines de milliers de votants se sont prononcés au début de juin. Si le vote s'était déroulé le 19 mai, la liesse générale se serait conjuguée avec l'hommage à saint Urbain, patron des viticulteurs d'Alsace, lors de sa procession colorée jusqu'à l'église Saint-Pierre et Saint-Paul dont le clocher date de 1220, messe et vin d'honneur. Respect des traditions oblige qui, à Eguisheim, ne saurait subir aucune entorse.

Grand prix national du fleurissement depuis 1989, classé l'un des plus beaux villages de France depuis 2003, médaille d'or du concours européen de l'Entente florale en 2006, ce village fortifié depuis 1257 ne compte plus ses titres de noblesse, mais est toujours prêt à en mériter un autre. À sept kilomètres de Colmar par la route des Vins, après un dernier virage, apparaît une pelote de

toits rouges, une île de pierre au-dessus d'un océan de vignes. C'est Eguisheim, berceau du vignoble alsacien, forteresse médiévale construite sur un plan octogonal. Tout y est charmant. Les ruelles épousent le tracé des enceintes successives et s'enroulent, tel un labyrinthe, en cercles concentriques autour de son château du XIIIe siècle. En grès rose, toujours en possession d'une partie de ses remparts, il conserve une fière allure. Les maisons vigneronnes à colombages, certaines si petites qu'on les croirait de poupées, arborent des volets de couleur. C'est une débauche de balcons, de pignons pointus et de façades à pans de bois qu'égaient des fleurs, en abondance. Au milieu de la place centrale, la fontaine Saint-Léon a longtemps alimenté la commune : les Eguisiens venaient y puiser leur eau et les animaux s'y abreuvaient. Depuis 1880, elle est surmontée par la statue de saint Léon, natif du lieu, couronné pape en 1049. Une chapelle voisine lui est consacrée.

Page de gauche
Au centre de la place, la fontaine Saint-Léon rappelle que ce pape fut un des enfants illustres du village. Au XIe siècle, ce grand voyageur œuvra pour la paix en Europe.

Une fenêtre égayée par des fleurs. Cette maison vigneronne à la belle façade accueille des hôtes.

Jour de liesse au village. C'est la fête des Vignerons. Défilé en costume dans la Grand' rue.

Pages suivantes
Construit en suivant les enceintes successives, le village d'Eguisheim prend des allures de labyrinthe.

“ Un merveilleux village alsacien à l'ensemble architectural irréprochable qui mérite amplement son label de Village préféré des Français 2013 ! ”

En rangs d'oignons sur leurs supports de bois, les bretzels attendent d'être dégustés. Le goût de ce pain brioché en forme de nœud est rehaussé par des grains de sel posés sur sa croûte.

Maisons traditionnelles à colombages. En été, les fleurs débordent des balcons et des fenêtres.

Page de droite
Clocher gothique de l'église Saint-Pierre et Saint-Paul construite au XIVe siècle. Sa charpente soutient quatre cloches, dont la plus importante provient de l'abbaye de Marbach.

Il s'y trouve un reliquaire contenant une partie de son crâne. Les médaillons de la voûte et des vitraux y retracent les différentes étapes de sa vie. Eguisiens et Eguisiennes n'hésitent pas à aller au-devant des touristes, à leur parler de leur joyau et du plaisir qu'ils prennent à l'entretenir. Chaque année, dès le printemps, c'est le fleurissement pour tout le monde. Les familles entières s'y mettent. Les fleurs appartiennent ici à la tradition. Gare à qui ne s'y conformerait pas ! « Elles font partie de notre culture. Nous en mettons aux fenêtres et sur les perrons », dit Mélanie Gogniat.

Les Amis des cigognes ne sont pas peu fiers de vous convier à lever la tête pour admirer les couples d'oiseaux blancs à long bec nichés sur le toit du château. « Dans les années soixante-dix, la cigogne avait déserté le village. Un programme de réintroduction l'y a ramenée. Les Amis des cigognes ont monté une agence matrimoniale pour cigognes, qui continue à parfaitement fonctionner », dit en riant M. Spiess. Si d'aventure il n'y a pas de cigogne dans le ciel, en levant la tête on peut lire les messages portés par les linteaux des maisons. Beaucoup sont pluriséculaires et en appellent à la protection divine. La plus originale dit en substance : « Que fais-tu là à me regarder avec insistance ? Passe ton chemin et mêle-toi de tes affaires. »

Toute visite à Eguisheim ne saurait être complète sans une dégustation de bretzel, le meilleur d'Alsace, sorte de pain brioché en forme de nœud. Sa recette, est, paraît-il, simple à réaliser : de la farine, de l'eau, du gros sel et un geste très… technique. « On affine les bords, on croise, on inverse les mains, puis on remonte les petits bouts sur la partie épaisse. » Facile à dire ; à faire par un débutant, beaucoup moins sûr. Qu'importe ! Mais ne pas oublier que le bretzel se mange le jour de sa fabrication. À Eguisheim, il est recommandé de l'accompagner de vins du pays, autrement dit des coteaux de l'Eichberg et du Pfersigberg, classés parmi les Grands Crus d'Alsace. Le soir, quand les volets se ferment, c'est à l'intérieur des *Winstub*, les auberges alsaciennes, que les meilleures dégustations se font au son de l'accordéon.

RIQUEWIHR

Si l'on veut être charmé, c'est à Riquewihr qu'il faut se rendre. Blotti à l'entrée d'un vallon boisé, le village surplombe la plaine d'Alsace et offre une magnifique vue sur la vallée du Rhin, des confins des Alpes à ceux des Vosges. À treize kilomètres de Colmar et soixante-dix kilomètres de Strasbourg, sur la route des vins d'Alsace, cernée par les vignobles, protégée du vent par trois collines, cette cité médiévale étonne par son patrimoine architectural qui a traversé sans grands dommages les innombrables guerres dont la région a été le théâtre.

On pénètre dans le bourg, qui a conservé une partie de ses imposants remparts, par la porte du Dolder (en alsacien, « le point le plus haut »). Au XIIIe siècle, elle permettait de filtrer ou de repousser les intrusions étrangères. Haut de 25 mètres, le beffroi qui la domine présente sur l'extérieur une façade à l'aspect militaire, alors que le côté tourné vers la ville s'agrémente de colombages sur quatre étages. Anciennement logement du gardien, chargé alors de faire le guet, le Dolder abrite aujourd'hui un musée classé « musée de France », qui permet de découvrir Riquewihr, la cité médiévale fortifiée et son évolution du XIIe au XVIIe siècle : ses seigneurs (les Wurtemberg), ses moyens de défense, les occupants de la tour et leur fonction.

Au faîte de l'impressionnante tour du Dolder, l'ancienne cloche des chargeurs de vin sonne à 5 heures et à 22 heures.

Le type de la maison alsacienne atteint à Riquewihr son expression la plus aboutie en offrant toutes les déclinaisons possibles de colombages sculptés.

Page de droite
Situé au centre de l'Alsace, le village de Riquewihr est un charmant village viticole.

ANDRÉ HUGEL,
83 ans, est le président de la Maison Hugel et Fils,
l'un des producteurs de vin d'Alsace les plus réputés. Mais le vin n'est pas sa seule passion : c'est un féru d'histoire (il est président de la Société d'Histoire et d'Archéologie de Riquewihr). Il connaît celle de chacune de ses rues, de ses maisons, et explique fièrement que le plus vieux tonneau du monde, celui de la « Sainte-Catherine », datant de l'époque de Louis XIV, se trouve dans sa cave.

Page de droite
Épargné par les deux derniers conflits mondiaux, le village de Riquewihr a conservé son charme d'antan.

Derrière la porte haute, l'architecture médiévale et Renaissance est intacte. Dans les rues pavées se succèdent des splendeurs que rehaussent des brassées de fleurs.

La célèbre enseigne de Hansi, artiste alsacien, orne la façade du salon de dégustation des Hugel.

> « Une cité pittoresque admirablement conservée, et une étape incontournable sur le plan gastronomique aussi. »

À quelques dizaine de mètres du Dolder, la tour des Voleurs, tour défensive du début du XIVe siècle, fut le siège de la justice seigneuriale à l'époque où Riquewihr appartenait aux Wurtemberg. On y visite la chambre de torture (avec estrapade et oubliette) et la salle de garde avec une collection d'instruments de torture. La tour des Voleurs communique avec une maison de vigneron du XVIe siècle où l'on peut découvrir une cuisine avec ses ustensiles anciens, la chambre et son mobilier, la cave et le cellier avec divers outils rappelant le travail du vigneron et du tonnelier.

La porte haute conserve les traces du pont-levis dont elle était munie. Cette herse est l'une des plus anciennes d'Europe et est antérieure de quelques années à celle de la tour de Londres.

Installé dans l'ancien château des comtes de Wurtemberg-Montbéliard, le musée de la Communication en Alsace est le seul de ce genre en France. Créé à l'initiative des Amis de l'histoire des PTT d'Alsace, avec l'approbation du conseil municipal, il explique les techniques de la communication à distance depuis les Gallo-Romains et suit les différentes étapes du transport des lettres depuis son invention au Moyen Âge.

Les artisans, et en particulier les potiers que l'on peut voir tourner en plein air, sont restés fidèles à ce beau village. On peut également s'y restaurer dans des décors qui fleurent bon l'ambiance traditionnelle régionale. Il est alors recommandé d'accompagner ses agapes (kougelhopf, pain d'épice, bretzel…) d'un très excellent vin alsacien, par exemple un riesling du pays.

Si vous voulez découvrir autrement les merveilles de Riquewihr, n'hésitez pas à prendre le petit train ! Il fera le tour du village, et vous emmènera dans le vignoble pour vous montrer un panorama époustouflant.

Aquitaine

● Beynac-et-Cazenac ○ Espelette

De l'Atlantique au pic du Midi, des bords de la Garonne à l'Espagne, l'Aquitaine est un pays où il fait bon vivre. Elle comprend cinq départements, mais elle est surtout faite de territoires à la forte identité. En Dordogne, le Périgord n'est pas un, mais quatre. Le Périgord blanc entoure Ribérac et Brantôme. Le Périgord noir est calé entre les vallées de la Vézère et de la Dordogne. Tout y commence par la préhistoire avec la grotte de Lascaux et se poursuit avec Sarlat, ville gourmande. Le Périgord vert, autour de Nontron, étale ses prairies où paissent des blondes d'Aquitaine à la robe fauve. Le Périgord pourpre rayonne autour de Bergerac, fidèle à la gastronomie gasconne. En Lot-et-Garonne, Agen, capitale du pruneau, est aussi célèbre pour son pont-canal, qui longtemps permit aux gabarres de transporter les productions régionales jusqu'à l'estuaire de la Gironde. En Gironde, où le vin est roi, le Médoc s'étend sur la rive gauche du fleuve, les Graves occupent le sud de Bordeaux, le Sauternais bénéficie d'un climat particulier : au total, 38 appellations, et des châteaux aux patronymes évocateurs. À Bordeaux, capitale et poumon économique, le tramway se glisse sans bruit de la gare Saint-Jean à la place des Quinconces, dans une ville où cohabitent édifices patrimoniaux et réalisations contemporaines. À l'entrée du bassin d'Arcachon, la dune du Pilat offre une vue imprenable : d'un côté les parcs à huîtres et l'Atlantique, de l'autre la forêt landaise. Dans les pins, Dax doit son succès à ses eaux chaudes. Le moindre village des Landes organise ses courses landaises. Au Pays basque, il faut compter avec les plages de Biarritz, Hossegor, Saint-Jean-de-Luz et Guéthary. En Béarn, Pau se souvient d'Henri IV. Montaigne a aimé l'Aquitaine ; Montesquieu, dont on visite le château à La Brède, aussi. Mauriac, l'écrivain de Malagar, a relié son œuvre à cette région, où il est né. Francis Cabrel la chante, toujours et encore…

Page de gauche
Un carrelet dans l'estuaire de la Gironde : la cabane sur pilotis permet de descendre un filet carré (carrelet) à l'eau. Cette pêche se pratique sans appât ni hameçon, au hasard. Le pêcheur se contente de remonter régulièrement le filet.

Corde fraîche de piments d'Espelette, troupeau de canards élevés en plein air, château de Saint-Geniès dans le Périgord noir : un pays de gastronomie, d'art et d'histoire.

Du haut de son éperon rocheux, le château, austère construction moyenâgeuse, surveille la vallée de la Dordogne et veille sur le village.

Page de droite
Portail à trois voussures de l'église Notre-Dame-de-l'Assomption, construite à l'intérieur de la première enceinte du château.

Comme autrefois, les gabarres naviguent sur la Dordogne pour le plus grand plaisir des touristes. Au fil de l'eau, ils découvrent des berges verdoyantes et ombragées que domine l'imposante forteresse.

Pages suivantes
Vue aérienne du château prise à partir du plateau.

BEYNAC-ET-CAZENAC

Au sud-ouest de Sarlat, au cœur du Périgord noir, à 150 mètres au-dessus de la Dordogne, se dresse le village de Beynac-et-Cazenac. Accroché au rocher percé de cavernes, il est là, imperturbable, inchangé, veillant comme jadis à la quiétude de la vallée. Dominé par son château, construction moyenâgeuse à l'allure austère, l'un des mieux conservés et des plus réputés de la région, il offre une vue imprenable sur la rivière en contrebas.

Les traditionnelles gabarres qui ont longtemps contribué à rendre florissante l'économie du village y naviguent toujours, mais se sont reconverties à la navigation de plaisance. L'à-pic étant suffisant pour décourager toute escalade, les défenses s'accumulèrent côté plateau : double enceinte crénelée, double douve dont l'une approfondissait un ravelin naturel, double barbacane protégeant un gros donjon roman carré. Sur un côté, un logis lui a été accolé, retouché et agrandi aux XVIe et XVIIe siècles. Sur l'autre côté, lui a été ajouté un logis en partie du XIVe siècle que jouxtent une cour et un escalier de plan carré desservant des appartements du XVIIe siècle. Ils ont conservé des boiseries et un plafond peint du XVIIe siècle ; la salle de réunion des États du Périgord garde une cheminée Renaissance sculptée de bucranes (tête de bœuf aux cornes enguirlandées de fleurs). Elle donne sur un petit oratoire orné de fresques.

Pendant la guerre de Cent Ans, la Dordogne servait de frontière entre la France et l'Angleterre et Beynac était une des places fortes françaises, alors que non loin de là, sur l'autre rive, le château de Castelnaud, qui forme avec Marqueysac et Feyrac les trois châteaux du triangle d'or de la Dordogne, était aux mains des Anglais.

Richard Cœur de Lion ravagea la région avant de périr au combat. Les Anglais ayant été définitivement chassés d'Aquitaine, le château resta dans la même famille jusqu'en 1962, où il fut racheté par Lucien Grosso, qui y mena avec passion pendant cinquante ans une intelligente restauration.

Beynac-et-Cazenac ne sied pas que dans les hauteurs, loin s'en faut. Le village descend jusqu'au bord de l'eau. Ses ruelles pentues, bordées de maisons aux toits de lauze et aux façades de pierre blonde sont hantées par un passé millénaire et nous rappellent le mode de vie de nos ancêtres médiévaux. Comme alors, les volets des échoppes s'ouvrent sur la rue pour présenter objets et produits du terroir. Que l'on monte ou que l'on descende, on ne peut s'empêcher de laisser courir son imagination vers les temps anciens où paysans, tisserands et vanniers, pêcheurs et gabarriers, animaient la vie des campagnes et les bords de la Dordogne. Il n'est donc pas étonnant que les cinéastes aient choisi ce beau village médiéval pour réaliser leurs tournages : de *Colinot Trousse-Chemise*, le dernier film de Brigitte Bardot en 1973, aux *Visiteurs II,* de Jean-Marie Poiré en 1998 et le *Jeanne d'Arc*, de Luc Besson en 1999. Et *La Fille de d'Artagnan*, de Bertrand Tavernier, sorti en 1994, avec Sophie Marceau, Philippe Noiret et Claude Rich.
Renée est la doyenne et la mémoire de Beynac-et-Cazenac. Pendant soixante ans, elle a tenu l'hôtel Bonnet. L'établissement aujourd'hui fermé a vu défiler du beau monde, comme en témoigne le livre d'or. Joséphine Baker, le prince Charles, Brigitte Bardot l'ont signé. Jean Gabin a laissé un souvenir impérissable à la vieille dame. L'histoire ne dit pas si on a servi à toutes ces vedettes une assiette de mique, une spécialité du Périgord à base de pain, d'œufs, de farine et d'huile, trempée dans un bouillon de légumes à déguster très chaud.

Pierre Bellemare est tombé amoureux de cette partie du Périgord il y a une dizaine d'années, et s'est installé à quelques kilomètres de Beynac : « Il y a les très très beaux villages, et les joyaux, Le Régent, le diamant gigantesque. Beynac, c'est un peu ça. » Ce qui fascine surtout l'animateur télé, c'est l'architecture des lieux : « Vous rentrez dans le village un peu comme un touriste du Moyen Âge. Il n'y a pas de faute de goût. »

Beynac-et-Cazenac est un petit paradis bien vivant où 600 Beynacois-et-Cazenacois entretiennent une ambiance chaleureuse. La majeure partie d'entre eux se retrouvent au bar du village pour de longues et animées parties de belote. « Pour rien au monde, je ne voudrais vivre ailleurs », dit Daniel Doublier, ravi d'appartenir à cette petite communauté qui cultive un secret. Il n'est pas gastronomique, mais géologique. En empruntant un petit sentier dérobé derrière le château, on accède aux grottes de Redonduy. Mais, chut, c'est top secret.

> « Des ruelles pavées du bourg au vaste panorama sur la vallée de la Dordogne, ce site est époustouflant ! »

Page de gauche
Une ruelle qui grimpe de la ville basse au château.

Gravée dans la pierre, une croix discoïdale, peut-être templière.

Une ruelle pentue bordée de maisons aux toits de lauze et aux façades de pierre blonde.

Le village descend jusqu'au bord de l'eau, où il fait bon se baigner et canoter.

Au pied de la montagne, proche de la côte basque et de la frontière espagnole, Espelette est un village haut en couleur.

Page de droite
L'église Saint-Étienne, joyau de la Renaissance, possède un clocher-porche impressionnant.

Une *banda* donne un concert devant l'hôtel-restaurant Euzkadi, où des piments sèchent en façade.

ESPELETTE

Village pimenté par excellence! Dès septembre, ses maisons s'habillent d'or rouge. Accrochée en guirlandes sur des kilomètres de fil, la récolte de petits piments flamboyants séchant au soleil du Pays basque fait la fierté du village. « En réalité, le piment ne sèche qu'en automne. Mais il est devenu tellement emblématique qu'il décore les devantures des maisons toute l'année », explique André Darraidou, enfant d'Espelette dont il fut maire pendant dix-sept ans, et qu'il ne quitterait pour rien au monde. « Je me dis souvent en le regardant que ceux qui se lèvent aux Champs-Élysées n'ont pas mieux que nous. J'aime me trouver dans cet espace, parce qu'on y voit des maisons très belles, très typiques du Labourd, ma région », ajoute-t-il.

André Darraidou commence toujours sa promenade par le quartier Xerrenda. L'église Saint-Étienne, l'une des plus belles du Pays basque, y est implantée. Depuis le XVIIe siècle, elle rythme la vie du bourg. Pour les Espelettards, elle est une seconde maison. « Ici, beaucoup de choses se vivent traditionnellement à l'église avec beaucoup de belles cérémonies. Quand j'étais enfant, chacun avait sa place. Sans qu'elle soit vraiment obligatoire, mais on se mettait toujours au même endroit. Moi, première galerie, le premier poteau à droite, d'un côté, et mon père de l'autre », dit notre guide.

Second arrêt obligatoire devant le fronton de pelote basque, sport de force et d'adresse, qui se pratique dès le plus jeune âge au même titre que la force basque. « Attelé à la même corde que lui, il faut faire avancer l'adversaire de quatre mètres. Peu importe le temps, seul compte le résultat. Jadis, ce jeu se pratiquait de part et d'autre de la rivière et le vaincu devait boire la tasse », explique André, très attaché, comme tout le monde à Espelette, à ces traditions constitutives d'une identité bien vivace.

Intérieur de l'église Saint-Étienne qui possède trois étages de galeries et un splendide retable.

Récolte à la main et en plein champ des piments, appellation d'origine contrôlée depuis l'an 2000.

Page de droite
Une rue qui monte, bordée de maisons blanches aux volets rouges, un village basque typique.

Des piments rouges en guirlandes séchant sur la façade, au chaud soleil du Pays basque.

> « Le village basque par excellence : accueillant, fier, où les coutumes et les traditions sont légion. Ne manquez pas la fête du piment d'Espelette, fin octobre. »

Troisième station au cimetière, devant un tombeau de style Art déco en marbre rose, celui d'Agnès Scuret, élue en 1920 la première Miss France, et habitante du village où sa famille possédait une maison. Sa mère la vendit pour rapatrier son corps d'Argentine en 1928 : Agnès, de l'avis général à la beauté époustouflante, y était morte à 26 ans d'une péritonite. Autre personnalité native d'Espelette mais bien différente, Armand David (1826-1900), père lazariste, éminent zoologiste et botaniste qui, au Tibet oriental, découvrit, entre autres, le panda géant, si rare qu'il nous fait encore rêver.

Retour au village pimenté pour une halte chez Marixu, une des cinquante productrices du condiment indissociable du nom d'Espelette dont elle a fait la renommée mondiale. Ce fruit rouge, qui bénéficie de l'appellation d'origine contrôlée depuis l'an 2000, a été importé de Colombie et du Mexique en Europe par les Espagnols, au XVe siècle. D'Espagne, il passa sans difficulté au Labourd, où il trouva, autour d'Espelette, des terres agréables à la plante qui le produit. Marixu propose un grand cru à la dégustation. Avec le sens de la poésie qui le caractérise, André Daraidou commente : « Je retrouve le parfum du piment d'avant. Sur le milieu de la langue, – sachant que le bout de la langue est très sensible au piquant – un piquant progressif, savoureux. J'ai des larmes qui montent maintenant... des larmes d'émotion. »

Serge Blanco, l'un des rugbymen les plus capés avec quatre-vingt-treize sélections en équipe de France, actuel président du Biarritz Olympic et homme d'affaires avisé, renchérit : « Un goût inimitable qui relève et révèle le goût des aliments, y compris du chocolat. Le chocolat au piment d'Espelette, un régal, comme les produits dérivés, confitures, bonbons, gelées, crèmes, huiles et vinaigres, parfums... Tout cela porte la marque d'Espelette et du Pays basque. C'est notre richesse et ça fait tellement de bien dans les tripes qu'on ne peut pas le dire avec des mots. Il y a uniquement des regards, des regards et des chants qui vous transportent dans un autre monde. »

Auvergne

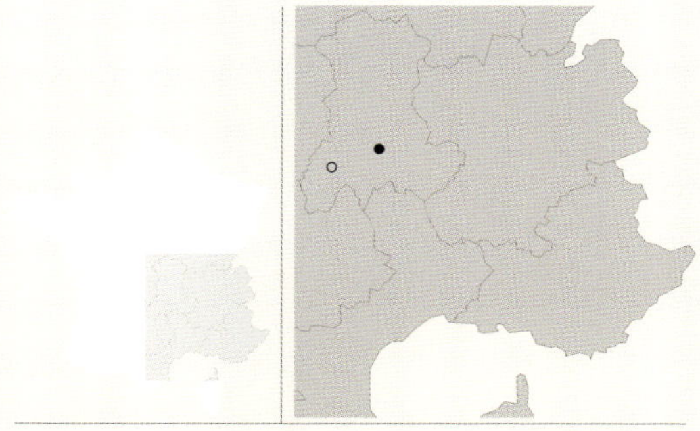

● Blesle ○ Salers

Au cœur de la France, du Cantal à l'Allier, l'Auvergne est le pays des grands espaces et des volcans assagis. L'air y est pur comme le son des clarines dans les estives. L'eau y coule en abondance, la faune et la flore y sont soigneusement préservées. Le parc naturel régional des Volcans d'Auvergne en comprend plus de cent qui, autrefois, ont craché des kilomètres de lave et des tonnes de roches. Ces puys sagement alignés, avec à leurs sommets, un cratère en creux, offrent d'exceptionnels panoramas. Implanté au cœur de leur chaîne, à quinze kilomètres de Clermont-Ferrand, Vulcania, parc scientifique et d'attraction, raconte et révèle tout sur les entrailles de la Terre. Dans le parc naturel régional du Livradois-Forez, calme immensité, surdose d'air vif et senteurs naturelles sont au rendez-vous. Altitude et climat varié y font cohabiter des hiboux grand-duc, des loutres et des espèces menacées. Il faut voir, écouter, mais aussi découvrir en pleine nature une industrie traditionnelle et innovante, des musées, des châteaux, des lieux marqués par l'histoire : Ambert, pays de la fourme et cité papetière, Thiers, à flanc de colline, patrie des couteaux, Châteldon où une eau minérale exceptionnelle coule de source, Le Puy-en-Velay, entre deux rochers. L'Auvergne doit son nom aux Arvernes, dont en 52 avant J.-C. Vercingétorix devint le roi. Tôt rattachée au domaine royal, elle a vu naître Lafayette qui grandit au château de Chavaniac-Lafayette. L'agglomération de Clermont-Ferrand rassemble un tiers de la population régionale. La pierre grise de Volvic y domine. Solidement calé entre deux buttes, Clermont est le siège d'entreprises internationales, principalement dans le secteur pharmaceutique et pneumatique. Michelin y conserve son siège social et historique.

Page de gauche
Près d'Orcines, au cœur du parc régional des Volcans d'Auvergne, le magnifique cratère du puy Pariou est formé de deux cratères emboîtés. Dans le lointain, à moins de 1,5 km, on aperçoit le puy de Dôme.

Dans le massif des monts Dore, Saint-Nectaire est regroupé autour de son église romane. La commune a donné son nom à un excellent fromage à pâte pressée non cuite, fabriqué à partir du lait des vaches salers dont les troupeaux paissent au pied du château d'Anjony et de ses quatre tours rondes du XVe siècle.

BLESLE

À une heure de Clermont-Ferrand, au creux de sa vallée, joyau de l'Auvergne profonde, Blesle est unique, singulier, exceptionnel. Il y souffle un air de famille. Quiconque s'en approche en est saisi. Il vous prend et ne vous quitte plus. L'acteur et animateur Gérard Klein en témoigne. Un temps aubergiste et éleveur d'une cinquantaine de vaches salers à Blesle, il y revient de bon cœur donner l'accolade à ses copains. « Cette région, ce village ont séduit ma femme et nos filles qui y ont passé leur enfance. Maintenant qu'elles sont beaucoup plus grandes, qu'elles font leur vie, nous en sommes partis, mais elles y reviennent souvent. On ne se défait pas de Blesle », dit-il, chaleureusement accueilli par son copain Paul, le curé de la paroisse.

Dans ce bourg, le catholicisme s'est écrit dans la pierre qui en raconte l'histoire. Tout a commencé à la fin du IXᵉ siècle avec la fondation de l'abbaye bénédictine de femmes Saint-Pierre, par Ermengarde d'Auvergne, mère de Guillaume le Pieux, duc d'Aquitaine et fondateur de l'abbaye de Cluny. L'abbesse était le seigneur du village, ce que n'appréciaient pas les barons de Mercœur. Ils décidèrent de s'y installer et d'empiéter sur les droits de l'abbaye, déclenchant une guerre féodale. Malgré les protestations des abbesses, les barons édifièrent un château avec une tour imposante renforcée de deux contreforts, actuellement appelée la « tour aux vingt angles ». Parallèlement, au XIIᵉ siècle, l'église abbatiale fut refaite avec la construction de deux absidioles et un chœur plus vaste que la nef. Les moniales investirent des maisons donnant sur la cour intérieure du couvent. Au XIVᵉ siècle, en raison de l'essor de la population, une seconde église fut érigée.

Page de gauche
Ces modillons, éléments d'architecture en pierre qui servent à soutenir une corniche, échappent aux thèmes traditionnels des églises de la Basse-Auvergne. À gauche, une tête de vache; à droite, une tête de femme. Au milieu, les volets en bois ajourés par des ouvertures en forme de cœur permettent de recevoir le jour et le soleil sans être vu. Beaucoup ont disparu. Ceux-ci ont été restaurés avec soin.

Bien que destinée à une abbaye de femmes, cette église romane construite entre 849 et 885 fut autorisée par le pape Urbain II à être vouée à saint Pierre, d'où son nom.

Dans son encadrement de pierre, cette porte sculptée, avec son heurtoir en fer forgé et ses planches cloutées témoigne du passé médiéval du village.

Blason surmontant l'entrée du vieil hôpital, bâti au XVIe siècle. Les pèlerins et les malades y étaient soignés gratuitement. Cet écusson représente des coquilles Saint-Jacques et des bâtons de pèlerins. La date de 1622 rappelle que quatre Bleslois accomplirent le pèlerinage à Saint-Jacques-de-Compostelle cette année-là.

Sous leurs toits de tuiles, des dizaines de maisons à pans de bois et à colombages racontent la longue histoire de Blesle.

Des travaux de restauration terminés en 2009 ont rendu leur éclat aux peintures du chœur. Ce riche décor témoigne de l'importance de l'abbaye et de son église.

Page de droite
Le clocher de l'église Saint-Martin, construite au XIVe siècle et détruite en 1793. Un clocher sans église, comme un doigt levé vers le ciel, rappelant qu'il y avait là un lieu de culte.

De cette période faste et agitée, il subsiste des tours, un mur d'enceinte, deux églises, quarante-trois maisons à pans de bois, des portes sculptées et des petits chemins qui mènent à la rivière poissonneuse. Du pont du Matalou à celui du bourg, en passant par celui des sœurs, la Voireuze, bordée de lavoirs, serpente entre les jardins et sert de point de départ à dix-sept circuits de petite randonnée. Le pont du Matalou, le plus ancien, est devenu célèbre : Christophe Barratier y a tourné plusieurs scènes de *La Nouvelle Guerre des boutons*. Dans le vieil hôpital du XIIe siècle, où pèlerins et mendiants étaient soignés gratuitement, un musée de la Coiffe a été ouvert. Il réunit sept cents coiffes, bonnets, chapeaux et rubans portés en Auvergne de la fin du XVIIIe à la fin du XXe siècle.

« Il faut saluer le travail titanesque des habitants qui ont restauré plus de quarante-trois maisons à pans de bois, leur rendant ainsi leur cachet d'autrefois. »

Blesle a tourné le dos à l'agitation du monde, mais ne s'est pas endormi. Décidés à faire connaître et vivre leur cité médiévale, les 650 Bleslois ont mis en valeur les richesses architecturales de leur commune, les atouts de leur riante campagne et leur convivialité traditionnelle. Gérard Klein en atteste : « J'ai le souvenir d'une vieille dame, Mme Segrey, que tout le monde ici appelait « Zezette ». Elle jouait de l'orgue et nous faisait rire. À la fin du morceau ou de l'office, elle se levait et nous demandait : "Vous en voulez encore ?" On riait. J'ai toujours trouvé cette église sympathique et ce village convivial. » Voici Pascal, le maire. L'église et la mairie se saluent comme au temps de Don Camillo, comme au temps des Mercœur et de l'abbaye, comme deux éléments principaux d'une même communauté, en se tutoyant. « Eh bien, ce n'est pas souvent que tu as l'occasion de venir devant l'église si tôt le matin », dit le Don Camillo de Blesle à son Peppone. Celui-ci répond, bonhomme : « Eh non, c'est que j'ai travaillé tard cette nuit. J'avais conseil municipal, tu comprends. » Les deux hommes se chamaillent souvent, s'estiment, œuvrent chacun à sa manière pour la commune. Mimi, une figure du village, l'assure. Dans une autre vie, elle était commandante dans l'armée. Elle a acheté une maison et l'a restaurée dans les règles de l'art.

Blesle a son hymne qu'entre amis, et lors des nombreuses assemblées villageoises, Blésois et Blésoises aiment entonner. Il a été composé par Jean Sarrus, un ancien de la bande des Charlots qui a posé ses valises chez eux. « Elle est vraiment Blesle la vie », comme dit le refrain.

SALERS

Une bourrée auvergnate sur la place du village, des touristes entraînés dans la danse, telle Marie-Jo Perec qui passait par là. Un, deux, trois, en cadence au son de l'accordéon et de la cabrette. Salers est en fête, comme bien souvent, surtout en été. À 950 mètres d'altitude, dans le parc naturel régional des Volcans d'Auvergne, au bord d'une ancienne coulée de lave, loin des grandes voies de communication, ce beau village, labellisé Plus beaux villages de France, est assis sur une butte basaltique dominant la vallée de la Maronne.

Son relatif isolement, ses hivers rudes n'ont pas favorisé son extension, mais cela ne l'empêche pas d'être célèbre dans le monde entier. Chaque année, 300 000 visiteurs viennent jusqu'à lui. En 1950, une jeune fille qui séjourne à l'unique camping est prise en photo par *Paris Match* en train de rincer son linge à l'un des lavoirs. C'est Jacqueline Bouvier, future Jackie Kennedy. Hollokö, village hongrois inscrit au patrimoine mondial de l'Unesco, s'est jumelé en mai 2010 avec cette perle du Cantal. Lors de la cérémonie officialisant le rapprochement, le blason de chacun des bourgs a été incliné l'un vers l'autre, comme c'était l'usage lors des mariages dans les familles nobles.

Salers, ancienne baronnie, est un joyau dans l'herbage, une « cité moyenâgeuse et montagnarde » que chantait en langue occitane le majoral Arsène Vermenouze. Philippe Garrigue, descendant de la famille de La Ronade qui a donné plusieurs magistrats civils au bailliage de Salers, en est la mémoire et sert de guide. Chemin faisant, ce Sagranier pure souche fait pénétrer son auditoire dans l'atmosphère de ce village historique posé au pied de la montagne. Il le dévoile en prenant son temps, pour le plus grand plaisir de ceux qui l'écoutent.

La place Tyssandier d'Escous avec, à gauche, la maison dite « du Bailliage », du XVe siècle : à droite, la maison de Flogeac, du XVIe siècle, montre l'étonnante unité architecturale de ce village de lave et de lauze.

Page de droite
Dans la maison dite des Templiers maison du Commandeur, à la superbe galerie sur croisées d'ogives, est installé le musée historique de Salers et des traditions populaires.

Fromage de Salers en cours d'affinage dans la cave de la fromagerie Nouaille. C'est est un fromage fermier de vache à pâte ferme et croûte sèche, protégé par une AOC et une AOP.

Philippe Garrigue est amoureux de Salers et en est fier. Tout ici est construit en roche volcanique, même les boutiques et les restaurants. Il vit dans la plus vieille maison du village, dont les fondations remontent au XIIIe siècle. C'est l'hôtel de la Ronade classé monument historique, une maison sur trois niveaux qui domine de toute sa hauteur la place principale. Son propriétaire ouvre volontiers ses salons aux visiteurs, et pour des soirées littéraires organisées par Les Amis de Salers.

> Le pays des vaches rouges et du fromage Salers. Mais avant tout, une splendeur médiévale et une vue superbe sur les vallées depuis l'esplanade de Barrouze.

La porte du Beffroi, également appelée « porte de l'Horloge », puisqu'elle donne l'heure. C'est une tour carrée dont la toiture est surmontée d'un ouvrage en ferronnerie abritant une cloche qui sonne toutes les demi-heures.

Avec sa robe acajou foncé au poil long et frisé, ses grandes et fines cornes de couleur claire, ce taureau salers est un seigneur qui règne sans partage sur ses pâturages et son troupeau.

Assis sur un large plateau, le village émerge des pâturages avec pour horizon, dans le lointain, les monts d'Auvergne. Bucolique, il invite à la visite et à la promenade.

Philippe vous conduit vers le beffroi du XVe siècle qui domine la rue commerçante, puis par la rue des Nobles et la maison du Bailliage, vers celle des Templiers qui accueille un musée dédié au mobilier ancien et aux costumes de jadis. Contre toute attente, ce musée abrite une dédicace d'une œuvre abstraite de l'écrivain polémiste Jean-Edern Hallier, ami du notaire. Un arrêt devant les derniers vestiges des remparts à la porte de la Martille, puis il vous fait passer par la place Tyssandier d'Escous, place de la mairie, ceinte de façades Renaissance, dédiée à l'agronome dont elle porte le nom et dont la statue occupe le centre. Tyssandier d'Escous est pour beaucoup dans la réputation des vaches de Salers, dont il a rénové la race. Ces belles ruminantes à la robe de feu, aux bouclettes rousses sur le mufle, aux cornes en forme de lyre, à la fois « à viande » et « à lait » sont la véritable fierté des Sagraniers. De mai à octobre, elles montent à l'estive. Leur lait onctueux parfumé par l'herbe d'altitude est à l'origine du fort bon fromage qui porte leur nom et qui prend toute sa saveur avec du bon pain.

Point de ferme au village, mais dans les hameaux environnants, Jarriges, la Jourdanie, le Mouriol – auprès duquel se sont établis le camping municipal et un complexe hôtelier. Certains élevages, comme celui où travaille Antoine, ouvrent leurs portes aux visiteurs. Antoine, enfant du pays, adore flâner dans son village. Le travail fini, on le trouve le plus souvent avec Alphonse et Robert, une boule à la main, sur l'esplanade de Barrouze qui domine la vallée de la Maronne et le puy Violent. Tout en taquinant le cochonnet, ces infatigables joueurs de pétanque jettent un coup d'œil au panorama exceptionnel qui les a vus grandir et que seul un survol en montgolfière peut surclasser. « Ahhh ! Quelle vue sur l'Auvergne quand on quitte le plancher des vaches… Ouais, c'est vrai », s'esclament-ils, toujours prêts à donner un bon conseil. Les habitants de Salers, dont il ne faut pas prononcer le « s » final, les Sagraniers, sont de bons vivants qui savent prendre le temps de vivre et de rire, ce qu'ils partagent volontiers. Il suffit d'aller à leur rencontre.

Basse-Normandie

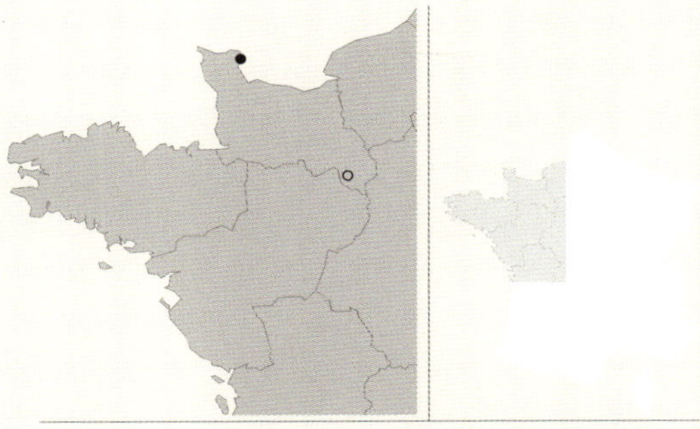

À moins de 200 kilomètres de Paris, la Basse-Normandie offre une belle palette de paysages verdoyants. En pays d'Auge, ce sont des vergers plantés de pommiers ; dans le Cotentin, des bocages et des marais ; dans le Perche, des forêts. Partout, de verts pâturages où paissent les vaches normandes, et dans le pays d'Ouche, des chevaux. Au nord et à l'ouest de cette riche campagne, la mer s'ébroue sur 470 kilomètres au pied de falaises et le long de belles plages de sable fin. Sur ce littoral aux stations balnéaires réputées, lumière et couleurs ont inspiré les impressionnistes. Constituée de trois départements, la Basse-Normandie occupe la partie occidentale de l'ancienne province de Normandie et le nord du comté du Perche. Terre d'histoire et de traditions, elle est aussi une destination de loisirs et de détente, irriguée par l'axe ferroviaire et routier Paris-Caen-Octeville-Cherbourg. De prairies en plages – dont certaines du débarquement –, le Calvados, berceau de Guillaume le Conquérant, invite à randonner en toutes saisons. Le Pays d'Auge, aux manoirs et maisons à colombages, commence à Deauville, rayonne autour de Lisieux et voue un culte au cheval : haras réputés et centres équestres de qualité. De la baie du Mont-Saint-Michel, classée au patrimoine mondial de l'Unesco, aux plages du débarquement en passant par Granville, cité corsaire devenue balnéaire, dont des bateaux partent toujours pêcher la morue à Terre-Neuve, la Manche dévoile son littoral, ses îles, ses plages, son bocage et ses marais. Presque entièrement vallonné, l'Orne recèle le point culminant de la Normandie. Avec ses 413 mètres, le signal d'Écouves domine la forêt du même nom, au nord d'Alençon, chef-lieu du département et, depuis le XVIIe siècle, ville « reine de la dentelle ».

Page de gauche
Sous des cieux généralement cléments et doux, dans la région de Livarot, de verts pâturages piqués de robustes pommiers sont le domaine de paisibles vaches qui donnent l'un des meilleurs laits du monde.

Les plages du Cotentin comme terrain d'entraînement : la thalassothérapie équine fait son chemin depuis plusieurs décennies. Maison à colombages, typique du Pays d'Auge. Dans la Manche, des dunes et une falaise protègent la plage et l'abri naturel de Barneville-Carteret.

BARFLEUR

À l'extrémité de la presqu'île du Cotentin, à vingt-huit kilomètres de Cherbourg, Barfleur coule des jours paisibles au rythme des marées. Port de pêche au charme subtil, il a séduit en son temps le peintre Paul Signac et, plus récemment, le plus volubile de nos critiques gastronomiques, qui y possède une maison depuis vingt ans. Jean-Luc Petitrenaud affiche sans complexe sa passion pour ce port d'où, dit la légende, le roi Arthur serait parti pour combattre les Romains, chez les Allobroges qui peuplaient l'actuelle Savoie. « Il y a la douceur des tons pastel et la rudesse de la pierre. On entre tout de suite dans la vie du village, avec l'église à gauche, et à droite la rue Saint-Nicolas. Tout ça est tout petit. Barfleur, c'est 600 habitants », dit ce Barfleurais d'adoption.

Minuscule, assurément. Avec ses 58 hectares, Barfleur est la plus petite commune de la Manche, mais ô combien charmante et pittoresque ! Port très ancien ouvert sur l'Angleterre et l'Europe du Nord, il offre une escale opportune et pratique aux bateaux qui effectuent de petits voyages en mer, et aux plaisanciers qui cabotent entre les côtes françaises et anglaises et les îles anglo-normandes. Son accès est rendu facile par un sas d'entrée, et il fournit un ancrage idéal.

Qu'il fait bon flâner le long de ses terrasses fleuries, dans ses ruelles animées bordées de maisons en granit – dont certaines datent de plusieurs siècles –, sobres, solides, homogènes, bourgeoises sur le port, un peu plus loin, plus modestes mais riantes, celles des pêcheurs, en enfilade.

Page de gauche
Élégant épi de faitage en terre vernissée réalisé par Patrick Lefèbvre et Ingrid Guilbert, les potiers de Barfleur.

Fixé à un rocher à l'entrée du port, un médaillon rappelle que Guillaume le Conquérant partit de Barfleur pour l'Angleterre en 1066.

Le port à marée haute. Ouvert sur l'Angleterre et l'Europe du Nord, il offre une escale aux bateaux effectuant de petits voyages et aux plaisanciers qui cabotent le long des côtes.

“ Le charme opère dès le port, où chalutiers et bateaux de plaisance se côtoient le long des quais chargés de casiers à homards et de “blondes”, les moules de Barfleur. ”

Le port d'échouage s'anime lorsque les chalutiers débarquent leurs cargaisons de poissons et de moules, les fameuses « blondes de Barfleur ». Aussi souvent qu'il le peut, le critique gastronomique Jean-Luc Petitrenaud les attend.

Sur toutes, les vents marins ont laissé leur empreinte et chaque hiver continuent à la creuser. Il faut pousser jusqu'à l'extrémité du port pour apercevoir, construite sur l'ancien fort détruit en 1597, la demeure où séjourna Jules Renard en 1890. Le créateur de *Poil de carotte* y écrivit l'*Écornifleur*. Dans ce roman, Poil de carotte a grandi, et un couple de bourgeois l'amène en vacances à Barfleur, rebaptisé Talléhou. Il y évoque le phare voisin de Gatteville que l'on atteint par une étroite route sinueuse. Avec ses 74,85 mètres, il est le deuxième plus haut d'Europe. Depuis des siècles, mais désormais équipé de lampes au xénon et automatisé, il signale à trente kilomètres à la ronde les forts courants marins de la pointe à l'origine de nombreux naufrages. Cela explique que fut construite en 1865 à Barfleur une première station de sauvetage, sur le modèle des stations britanniques. Elle fut successivement équipée de six canots, les trois premiers étant à la rame.

INGRID GUILBERT ET PATRICK LEFEBVRE (accompagnés sur cette photo de Jean-Luc Petitrenaud, au centre) sont potiers. Installés depuis plusieurs décennies à Barfleur, ils ont leur « vitrine » sur les toits de schiste et d'ardoise : faîtières, épis de faitage, et sur les murs des maisons (numéros de portes, plaques des rues...) : presque toutes les habitations du village portent leur empreinte.

Un bateau est rentré au port et s'est amarré quai Henri Chardon. Sur son pont sont empilés des sacs de « blondes » pêchées au filet entre les pointes de Barfleur et de Saire.

Page de droite
À la pointe de Barfleur, le phare de Gatteville signale les forts courants du raz de Barfleur. Il compte autant de marches que de jours dans l'année.

Harmonie de bleus, de la porte aux volets en passant par la tonnelle et le vélo. Sur le porte-bagages une bourriche d'huîtres ou de moules, tout un art de vivre.

Le dernier mis à l'eau en 1997, *L'Amiral de Tourville*, est toujours visible, amarré au milieu des bateaux de pêche. Près de l'église, sous abri, le premier, le *Crestey et Sauvé*, est conservé, ainsi que de nombreux documents qui relatent des sauvetages souvent héroïques.

Marcher dans le village, c'est aussi aller à la rencontre de son histoire. La cour Sainte-Catherine a conservé ses maisons du XVe siècle à la silhouette trapue. Dans le port, fixé à un rocher, un médaillon rappelle que Guillaume le Conquérant partit pour l'Angleterre en 1066 sur un drakkar, *Le Mora*, piloté par Étienne, un jeune Barfleurais. Déjà duc de Normandie, il allait installer la dynastie Plantagenet sur le trône anglais. En 1120, *la Blanche-Nef*, navire royal, sombre au large de Barfleur, avec à son bord le fils du roi Henri Ier. Ce naufrage signe le déclin de l'intérêt ducal pour le port. L'église, actuellement en bord de mer, a vu les troupes anglaises d'Édouard III ravager la ville. Cet édifice était alors au milieu de la cité, mais la mer a depuis rongé la côte. À la fin de la Seconde Guerre mondiale, Barfleur est libérée le 24 juin 1944 par les troupes américaines sans combat, et devient un port de ravitaillement pour les troupes alliées. À l'heure du débarquement des poissons, c'est sur le port qu'il faut être. On peut y acheter le poisson qui « sort de l'eau », et surtout la « blonde de Barfleur », cette moule de pleine mer très recherchée pour l'excellence de sa chair et de son goût, et dont la croissance irréprochable se déroule sans intervention humaine.

Au cours de sa promenade, il ne faut pas oublier de lever le nez, car le spectacle est aussi en hauteur. De somptueux épis de faîtage en terre cuite vernissée, symboles de richesse, signalant à tout un chacun la prospérité de la maison, couronnent toits de schiste et lucarnes et mettent de la couleur dans la palette dominante des gris.

LA PERRIÈRE

Campé sur un éperon rocheux, en lisière de la forêt de Bellême, La Perrière offre un point de vue sans pareil sur la campagne percheronne et, au-delà, sur les forêts de Perseigne et d'Écouves. Ancienne villégiature épiscopale, ce village de trois cents âmes, à 26 kilomètres d'Alençon, a conservé le logis de l'évêque, imposante bâtisse du XIIIe siècle flanquée d'une tour carrée qui autrefois servait de cachot. À mi-chemin du bassin parisien et du massif armoricain, au cœur du Parc naturel régional du Perche, La Perrière était une escale pour les pèlerins sur la route du mont Saint-Michel.

Avec ses maisons de caractère en pierre de roussard, qui constitue un de ses attraits, et ses jardins soigneusement entretenus, le village a été surnommé la « perle du Perche ». « Ce n'était pas gagné », explique Claude, l'ancien épicier, « il y a encore trente ans, les belles pierres n'étaient vraiment pas à l'honneur. Les gens mettaient facilement du ciment pour les cacher. Elles ne leur

plaisaient pas, ils ne les trouvaient pas belles. Mais tout vient du sol de La Perrière. Et c'est bien joli. » La transformation est venue des « Parisiens », comme les appellent les natifs du cru. Ils ont retapé les maisons, remis en valeur la pierre : sa beauté, jusque-là négligée, est devenue éclatante. Parmi ces « Parisiens » se trouve la créatrice de mode Chantal Thomass : « La Perrière a beaucoup de charme ; c'est un joli village ; il y a de beaux bâtiments, de beaux manoirs ; ce n'est pas loin de Paris », dit-elle, ravie de l'intérêt pour l'art revendiqué par la commune, qui organise des rendez-vous d'artistes.

Chaque année, pendant le week-end de la Pentecôte, lors du « marché de l'Art », une centaine d'artistes exposent dans les rues, les caves, les granges et les jardins. L'art contemporain s'impose dans tout le bourg en y créant une joyeuse animation. Pour reposer son regard, une étape dans un lieu insolite comme un « Broc'hôtel » est bienvenue. On peut y déguster des gourmandises sucrées ou salées, dans un décor d'objets étincelants joliment présentés sous des lumières tamisées. C'est la maison d'Horbé, où officie le chef cuisinier Laurent Loingtier.

Page de gauche
Campé sur un éperon rocheux en lisière de la forêt de Bellême, La Perrière domine la campagne percheronne faite de prés, de bois et de chemins creux.

Ci-contre
Sur l'adorable place du village, la maison d'Horbé et sa tonnelle allient restaurant et brocante. C'est un lieu magique. Tout y est choisi avec goût.

Percherons de souche et nouveaux arrivants ont pactisé pour créer cette manifestation et vivent en harmonie. Julien Cendre le confirme. Écrivain, il a découvert le village voilà vingt-cinq ans : « J'ai eu La révélation sur le site de l'éperon. J'ai eu la sensation qu'il y avait là quelque chose de singulier, quelque chose de très fort. C'est pourquoi j'ai pris mes quartiers dans une maison d'ici. » Il n'y compte que des amis, et les fiertés locales sont devenues les siennes. Le percheron, cheval de trait, capable de déplacer rapidement les véhicules hippomobiles malles-postes, diligences, omnibus, en est une. Réduits à la portion congrue par la motorisation, ces animaux puissants au large poitrail continuent à tirer des attelages de promenade dans les parcs et forêts comme celle de Bellême, immense domaine dont les chênes étaient réputés pour la fabrication des mâts de navires de la flotte royale. L'un d'eux, très connu, le chêne de l'École, dédié en 1927 à l'École nationale des Eaux et Forêts, a franchi les siècles et mérite qu'on s'arrête à son pied. Planté sous Louis XIV en 1666, il mesure 42 mètres de haut et 4,55 mètres de circonférence. Plus gros, plus grand, il n'y en a pas.

Alertée par Julien Cendre, Chantal Thomass s'est intéressée à une technique de broderie en voie de disparition, développée au début du XIXe siècle par les femmes du bourg : le filet perlé, dont elles faisaient des rideaux. Le Perche était alors un centre important de sa fabrication. Ses productions étaient expédiées vers Paris, Rouen, la Grande-Bretagne et les États-Unis. « Le filet perlé possède un aspect très moderne, très simple, très épuré », dit la créatrice de lingerie. Sous son impulsion et à partir du travail et des recherches sur place de Mme Lethon, la technique du filet a repris vie et recommencé à rayonner.

> Un vrai bourg rural aux maisons colorées dans une région que j'affectionne particulièrement. En tant que nouveau résident du Perche, j'apprécie le caractère traditionnel de ces villages.

Page de gauche
Intérieur de la brocante où dominent les petits meubles et tous les objets en rapport avec la cuisine et les arts de la table.

Dans le village, les jardins de charme ne manquent pas.

Ci-dessus
Derrière ces jolies façades ocre et contiguës, les maisons de la mode d'antan et du filet, deux musées, perpétuent la tradition filetière de La Perrière qui a repris vie sous l'impulsion de la créatrice de lingerie Chantal Thomass.

C'est un plaisir d'atteler des percherons pour une promenade dans la campagne.

Bourgogne

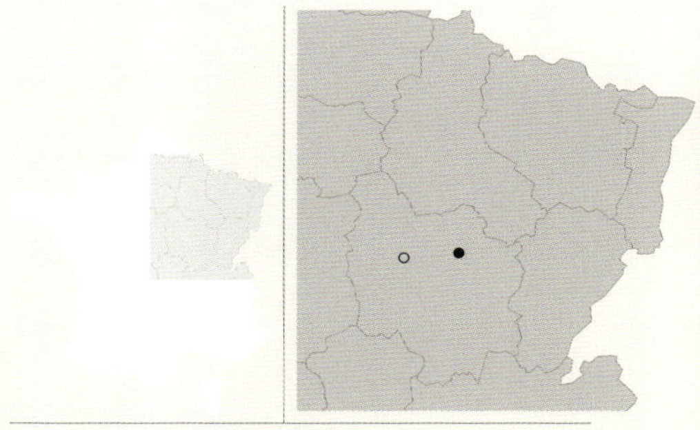

Terre d'histoire et de gastronomie au carrefour des grandes routes fluviales et terrestres, économiques et culturelles, françaises et européennes, la Bourgogne se lit comme un livre d'histoire à ciel ouvert. À une heure de Paris par le TGV-Est, de grandes pages s'y sont écrites, à Alésia, où Vercingétorix résista à Jules César, à Cluny où les bénédictins firent de leur abbaye au xe siècle le plus grand foyer spirituel et intellectuel d'Europe. Puissant duché qui tint tête au royaume de France avant de s'y rallier, la Bourgogne regorge de trésors architecturaux : villages médiévaux à Semur-en-Auxois ou à Flavigny, châteaux stupéfiants, tels Cormatin et Pierreclos, en Saône-et-Loire, ou Tanlay, dans l'Yonne. La région peut se traverser sur l'eau, en naviguant au fil de sa fantaisie sur le canal de Bourgogne à petit gabarit, qui relie le bassin de la Seine à celui du Rhône. Accostez à Tonnerre pour explorer le parc naturel régional du Morvan. Au sud d'Auxerre, les rochers du Saussois, impressionnantes falaises, s'escaladent. Plus loin, culminant à 492 mètres, la roche de Solutré offre une vue sans limite sur des vignes jalonnées de villages et bordées de forêts.

La Bourgogne cultive aussi les plaisirs de la table : viandes du Charolais en bœuf bourguignon, fromages d'Époisses, moutardes de Dijon, grands vins et même d'exception comme le romanée conti, en font une terre de gastronomes. Dijon, sa capitale, son palais des Ducs et des États, ses vieilles rues bordées d'hôtels particuliers aux grands porches, vit chaque année du 1er au 12 novembre, à l'heure de sa foire gastronomique internationale, l'une des plus importantes de France. Beaune et ses hospices, la Côte de Nuits, Cîteaux et le Clos de Vougeot, Chablis y présentent leurs meilleures bouteilles dans une ambiance festive chère aux Bourguignons qui savent cultiver l'art et le plaisir, et même les marier.

Page de gauche
Le vignoble et le château du Clos Vougeot, en automne.

Vignoble de Mâcon Lugny, au printemps. Rares représentants de l'architecture civile médiévale, les hospices de Beaune sont coiffés de toits en tuiles vernissées formant des figures géométriques aux couleurs flamboyantes. Au fil de l'eau, sur le canal du Nivernais, à bord d'un petit bateau et sans permis, au pied des rochers du Saussois, haut lieu de l'escalade.

L'ANGE
SOURIANT

FLAVIGNY-SUR-OZERAIN

Il n'y a pas cité médiévale plus gourmande que Flavigny-sur-Ozerain. Depuis le VIIIe siècle, des bonbons à l'anis y sont fabriqués suivant une recette mise au point en 719 par les bénédictins de l'abbaye Saint-Pierre, classée « Site remarquable du goût ». Mondialement connus, ils s'exportent jusqu'en Chine.
Si on l'aborde par la route qui le relie à Semur-en-Auxois, Flavigny se profile sur un éperon rocheux qui lui permet de voir de loin ses visiteurs et de se préparer à les accueillir. Les restes d'une muraille d'enceinte qui se découpent sur le ciel annoncent une cité médiévale fortifiée. Sur sa colline verte, avec à ses pieds trois rivières, l'Ozerain, la Brenne et le Verpant, avec ses pierres blondes et ses toits de tuiles rouges, Flavigny possède, de loin comme de près, le charme particulier et typique des villages bourguignons.
On y entre par la porte du Bourg, qui a perdu depuis longtemps son pont-levis. Aussitôt, ce ne sont que demeures bourgeoises avec tourelles d'escaliers et fenêtres à meneaux, maisons d'artisans, tanneurs, huiliers, minotiers, potiers d'étain, verriers, tisserands et vignerons avec leurs échoppes. Un univers disparu et soudain revenu.

Les ruelles étroites, parfois escarpées, rappellent que ce lieu placé hors des chemins fréquentés était voué à la défense et à la prière. « Ces ruelles sont un dispositif de défense passive », explique Gérard, l'ami d'Antoinette, pour qui Flavigny n'a plus de secret. « Quand l'ennemi arrivait en grand nombre, les défenseurs le laissaient pénétrer dans ces ruelles si étroites qu'elles ne permettent le passage que d'un seul homme d'armes à la fois. Il suffisait de les attendre l'un après l'autre avec un bon casse-tête et on pouvait venir à bout d'une troupe. »

Page de gauche
En pierres blondes, sous des toits de tuiles rouges, les demeures bourgeoises ont conservé leurs tourelles d'escaliers et leurs fenêtres à meneaux.

Flavigny-sur-Ozerain continue à fabriquer les bonbons à l'anis qui ont assis sa réputation en suivant une recette mise au point en 719 par les bénédictines de son abbaye.

CATHERINE TROUBAT confectionne les célèbres bonbons à l'anis, perpétuant le travail de sa famille, qui a commencé il y a trois générations.

Impossible d'ignorer l'activité principale et millénaire de Flavigny, qu'enveloppe une douce et incontournable odeur d'anis. « Quand les moines sont partis à la Révolution, les gens du village se sont installés dans l'abbaye tels des squatteurs et ont continué à fabriquer le bonbon », dit Catherine Troubat. Depuis 1923, trois générations de Troubat, épaulées par trente personnes, assurent la confection et la vente de ces friandises à l'anis. Il s'en écoule 200 à 250 tonnes par an. Pour visiter les ateliers, il suffit d'enfiler une charlotte et de suivre le guide.

Un peu plus haut, des personnes se pressent à la porte d'une ferme-auberge qui ne désemplit pas. Il y a une quinzaine d'années, des épouses d'agriculteurs se sentant isolées dans leurs fermes ont décidé de s'associer pour cuisiner et vendre leurs produits. C'est ainsi que naquit La Grange aux femmes, pour la plus grande satisfaction des habitants et des touristes. On peut ajouter au repas la visite des chais qui recèlent les vins issus de six cépages : aligoté, chardonnay, auxerrois, pinot beurot, pinot noir et césar, élevés alentour. On peut poursuivre par un arrêt très instructif à la Maison des arts textiles et du design, créée par le designer Daniel Algranate. Il est accompagné d'un jardin botanique réservé aux plantes à usage textile.

> « Si le bonbon à l'anis est célèbre dans le monde entier, la cité à elle seule vaut le détour par la qualité de son patrimoine bâti. »

L'authenticité est partout à Flavigny. Notre Miss France 2013, la Bourguignonne Marine Lorphelin, en est très fière et dit à qui veut l'entendre de venir sur place en profiter. Les cinéastes ont fait mieux, ils ont choisi son décor pour y tourner. C'est ainsi que beaucoup de ses 347 habitants ont joué les figurants dans le film *Chocolat,* de Lasse Hallström, avec pour interprètes principaux Juliette Binoche et Johnny Depp. Gaby, qui a pourtant fait des apparitions dans d'autres films, garde un souvenir ému de Juliette Binoche, « très gentille ».
Flavigny-sur-Ozerain est cependant en train de perdre une de ses originalités. Jusque-là, les maisons ne possédaient pas de numéros postaux. Les facteurs y perdaient leur latin et leur adresse. L'administration a gagné. Les numéros commencent à fleurir sur les façades.

Page de gauche
Affiche publicitaire. Rien de tel pour séduire sa belle que de lui offrir un anis de l'abbaye de Flavigny. Depuis 1923, on en trouve dans les distributeurs automatiques des gares et du métro.

Entre deux tours rondes, la porte du Val, par laquelle on entrait dans la cité fortifiée. Bien qu'elle ait disparue, on peut imaginer le bruit que faisait la lourde herse lorsqu'elle tombait sur les indésirables.

La crypte carolingienne de l'abbaye bénédictine qui abrite la fabrique d'anis. Après l'avoir visitée, il suffit de se laisser guider par la douce odeur qui flotte pour atteindre les ateliers.

VÉZELAY

On se rend à Vézelay pour se laisser gagner par l'atmosphère recueillie de la basilique Sainte-Marie-Madeleine. À 240 kilomètres de Paris, au sommet d'une des dernières collines du Morvan, joyau de l'art roman restauré par Viollet-le-Duc, elle veille depuis le XIIe siècle sur son village, de 450 habitants à l'heure actuelle. Haut lieu de pèlerinage, inscrite au patrimoine mondial de l'Unesco depuis 1979, elle domine un bourg médiéval aux rues étroites et sinueuses dont certaines datent du XVe siècle. On y accède par la rue principale, bordée de maisons bâties sur des caves, dont l'entrée ouvre sur le trottoir. Certaines possèdent deux étages superposés. Des milliers de touristes s'y pressent chaque année dans les pas de grands écrivains : Georges Bataille, René Char, Paul Éluard, Paul Claudel, Romain Rolland et Jules Roy qui, eux, ont choisi d'y résider, sont montés sur « la colline inspirée ».

Assister aux vêpres en français et en polyphonie à quatre voix, chantées par les moines et les moniales de Jérusalem, procure une intense émotion. Si l'on demande à Mgr François Tricart, recteur de la basilique, actuel garant de sa préservation, « pourquoi ces foules à Vézelay depuis mille ans ? », il répond invariablement « c'est Marie-Madeleine ». Les reliques de la sainte disciple de Jésus sont conservées ici depuis le XIe siècle.

À Vézelay, moulures et sculptures inspirent la sérénité.

Toutes de blanc vêtues, trois moniales des fraternités monastiques de Jérusalem en prière lors d'une des trois cérémonies liturgiques quotidiennes célébrées dans la basilique.

Page de droite
La nef de la basilique mesure 62,5 mètres de long et 18,55 mètres de haut. Ses arcs doubleaux en plein cintre sont constitués de claveaux de pierres blanches et brunes alternées.

Pages précédentes
Au sommet d'une des dernières collines du Morvan, la basilique Sainte-Marie-Madeleine, inscrite au patrimoine mondial de l'Unesco, veille depuis le XIIe siècle sur le village de Vézelay.

Laissez-vous charmer par la rue de la Bonnette, pavée et bordée de maisons anciennes.

Construite sous le chœur de l'abbaye, la crypte date de l'époque carolingienne.

La rue Saint-Pierre monte vers la basilique Sainte-Marie-Madeleine et la rejoint par sa façade ouest, dont le tympan fut sculpté en 1856, lors de la restauration de la basilique. Le pignon est, lui, du XIIIe siècle.

Page suivante
La coquille Saint-Jacques, symbole des pèlerins de Compostelle.

> « Impossible d'évoquer Vézelay sans parler de sa basilique. Mais goûtez aussi au charme de ses ruelles bordées de demeures anciennes et à la cuisine du chef Marc Meneau... »

À Marc Meneau, chef étoilé de l'Espérance, superbe hôtel-restaurant où Serge Gainsbourg vécut les dernières années de sa vie sans jamais entrer dans la basilique, il faut demander de raconter Vézelay. Il en parle avec un enthousiasme qui fait chaud au cœur. Nul mieux que lui ne connaît ce lieu où il est né. « Depuis cinq cents ans, dans mon village, mes origines terriennes m'ont conduit à faire de la cuisine qui me ressemble : celle de ma terre et de l'inspiration de Vézelay. La bourrellerie de mon père, puis le café-épicerie de ma mère déterminèrent mes goûts pour la cuisine qui me ressemble, celle qui fait briller les yeux de plaisir, associe le terroir, les voyages dans le monde et l'évolution des goûts. De 1970 à ce jour, une longue suite de travaux firent du café-épicerie une auberge, puis un relais et châteaux où la cuisine devint L Espérance », explique-t-il. Soucieux de mettre en avant les richesses naturelles de son terroir, il possède son propre vignoble et son potager bio. Est-il la mascotte de Vézelay, comme on le prétend ? Il ne lui déplaît pas qu'on le dise.

À Vézelay, les murs et les rues témoignent de grandes et de petites histoires. En 1146, Saint-Bernard de Clairvaux y prêche la seconde croisade en présence de Louis VII et Aliénor d'Aquitaine. En 1190, Philippe-Auguste et Richard Cœur de Lion s'y donnent rendez-vous pour partir ensemble à la troisième. Au détour d'une ruelle se trouve la Porte Neuve, adossée à une muraille du XIIe siècle. Cette porte a été rendue célèbre par le film *La Grande Vadrouille*. Là, a été tournée la fameuse scène où Bourvil et de Funès descendent à vélo en l'empruntant. La plupart des scènes nocturnes, comme celle où Bourvil et de Funès se cachent pour échapper aux Allemands, y ont été réalisées.

Marc Meneau se rend dans son café préféré, au pied de la basilique, celui où les Vézeliens se donnent rendez-vous. « À ceux qui viennent à Vézelay pour rencontrer Jésus, sachez qu'il se trouve dans cette maison », annonce-t-il d'une voix forte en serrant chaleureusement la main du patron du Pontot. « Bonjour Jésus, je viens voir ta jolie maison. Jésus habite dans cette demeure du XVIIe siècle et il fait aussi chambres d'hôtes. Qui l'eût cru ? Vous pourrez même dormir avec les anges ! » Tout le monde approuve en riant.
Mais il y a un endroit que Marc Meneau aime par-dessus tout, qu'il vénère même : ce sont les jardins de la basilique. Planté bien droit devant l'horizon sans limite, « Que c'est beau », dit-il, « Que j'aimerais être peintre, le vert, le bleu, le jaune… ces couleurs ! »

Bretagne

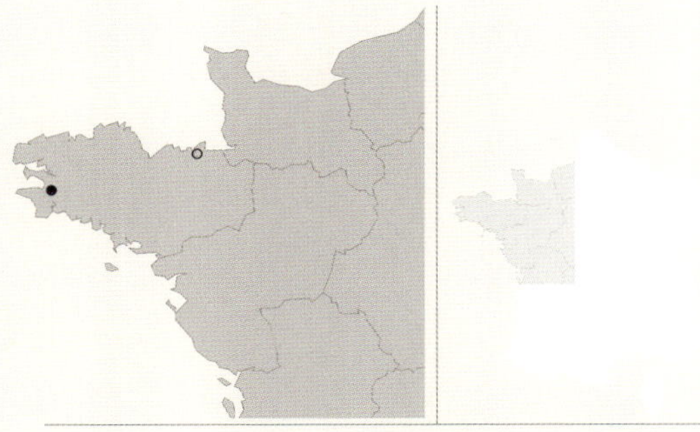

À l'extrémité ouest de la France, cernée par l'océan de Brest à Rennes et de Saint-Malo à Vannes, la Bretagne est le pays de la mer, l'Armor, celui des ports, des plages et des falaises. Mais elle est aussi celui de l'Argoat, pays de bois, de bocages, de landes et de villages de granit. De loin, elle semble farouche, mais elle se révèle vite conviviale et ouverte aux influences. Arrimée à ses traditions, elle recèle des trésors d'innovation. Elle a pieusement conservé la mémoire de ses coiffes et de ses costumes, mais ils ne sont plus portés que lors des pardons et des fêtes traditionnelles. Celte dans l'âme, la Bretagne, les pieds plantés dans la lande, croit en ses rêves. Ses réalisations – des châteaux forts comme Combourg, silhouette grise flanquée de quatre tours où grandit Chateaubriand – comme les nouvelles technologies, le prouvent. Ses hommes en témoignent. Surcouf, Cartier, les Terre-Neuvas ont depuis longtemps montré que les Bretons étaient des aventuriers et des pionniers. L'aventure se fait humaine et industrielle quand Fulgence Bienvenüe crée le métro parisien, quand Vincent Bolloré ou François Pinault donnent une nouvelle dimension à leurs activités d'origine, le papier et le bois. Dans le sillage des marins, à la suite de Tabarly et de Kersauzon, une armada de navigateurs font évoluer le nautisme et ses techniques. Pêche, conchyliculture, agroalimentaire, spécialités comme le kouign amann de Douarnenez, souvent sous la marque « Produit de Bretagne » assurent le dynamisme de villes comme Rennes, capitale régionale et pôle universitaire, Quimper, Lannion, Dinan ou Fougères. La musique, fortement ancrée dans le paysage culturel, s'est considérablement diversifiée et enrichie. À la suite d'Alan Stivell, de nouveaux chanteurs sont apparus. Saint-Malo, Rennes, Lorient, Quimper, Carhaix-Plouguer ouvrent chaque année leurs portes à La Route du Rock, aux Transmusicales, au festival interceltique, à celui de Cornouaille ou des Vieilles Charrues.

Page de gauche
À Ploumanac'h, l'un des sites les plus surprenants de l'Armor. Un phare signale aux bateaux les amas de granit rose séparés par des anses et battus par les vagues, qui continuent à en polir les contours.

À Loctudy, deux Bigoudènes portant la coiffe de jadis. Voiles ocre des sinagots, jolies chaloupes traditionnelles du golfe du Morbihan. À Camaret-sur-Mer, sur la presqu'île de Crozon, les alignements mégalithiques de Lagatjar.

LOCRONAN

Dans le sud du Finistère, à cinq kilomètres de la mer, au pied de sa colline sacrée, la « Montagne » des druides qui, dit-on, y célébraient leur culte, Locronan s'enroule autour de sa Grand-Place, ceinte de quatorze maisons aux façades de granit, demeures Renaissance et hôtels particuliers du XVIIIe siècle, saisissantes, tant elles sont belles. L'écrivain Pierre-Jakez Hélias, qui connaissait sa Bretagne sur le bout des doigts, décrivait cette place comme une « auge de granit », forcément nourricière de l'âme. Des rues pavées également bordées de belles maisons y mènent et conduisent en son église Saint-Ronan, du style gothique flamboyant le plus pur. Fait rarissime, elle n'a subi ni adjonction, ni modification, ni restauration. Elle a traversé les siècles avec sa nef en pente douce montant vers le chœur, son retable, ses vitraux du XVe siècle, sa chaire ornée de dix médaillons polychromes relatant la vie de saint Ronan, moine irlandais débarqué en Bretagne au VIIe siècle, dont le tombeau se trouve dans la chapelle du Penity attenante à l'église. Anne de Bretagne, alors épouse du roi de France Louis XII, y serait venue en pèlerinage en 1505, priant le saint de lui accorder un héritier mâle. Bien qu'il ne l'ait pas exaucée, elle éleva Locronan au rang de ville, ce qui représentait de sérieux avantages financiers pour ses habitants.

Très tôt, les Locronanais ont voulu protéger ce patrimoine dont ils ressentaient la beauté. Dès 1924, ils ont obtenu son classement, puis ils l'ont fait entrer dans le cercle des petites cités de caractère, et le label des plus beaux villages de France lui a été attribué. Les peintres et les cinéastes n'ont pas tardé à s'y intéresser. Dès 1921, Henri Diamant-Berger y tourne *Les Trois Mousquetaires*.

HERVÉ LE BIHAN, natif du village, est l'un des derniers tisserands de Locronan. Depuis qu'il est petit, il s'intéresse à l'histoire du village, et en a fait rebattre le cœur dans son atelier de tissage.

Locronan s'enroule autour de sa place pavée, dont les logis en granit du XVIe siècle arborent des toits pentus, véritables œuvres d'art. Au centre, le puits fut longtemps la source où tous les Locronanais puisaient leur eau.

L'atelier d'Hervé Le Bihan, qui continue à tisser le lin et le chanvre, matières premières de la toile à voile pour les navires pendant des siècles.

> Un miracle ! Un ensemble architectural unique par son harmonie et son bel état de conservation. C'est une très belle image de la Bretagne.

Pierre Schoendoerffer, en 1959, y plante le décor de *Pêcheurs d'Islande*, et Roman Polanski, en 1979, celui de *Tess*. Il obtient que tous les fils électriques soient enterrés dans la partie classée du village, ce qui en renforce l'homogénéité. En 1988, Philippe de Broca y réalise *Chouans*, et en 2004, Jean-Pierre Jeunet, *Un long dimanche de fiançailles*. France 3 y a également tourné sa série télévisée *L'Épervier*, diffusée en 2011.

Ce bourg au patrimoine si vivant doit sa prospérité et une part de sa notoriété aux voiles de bateaux fabriquées dans ses ateliers de tissage. Dès le XIVe siècle, le chanvre fleurit partout dans la région. De cette culture naît l'industrie de la toile à voile, dont l'expansion est favorisée par la proximité de Pouldavid, l'ancien port de Douarnenez. Sa qualité est telle qu'elle équipe les navires de la Royale, puis de la Compagnie des Indes et des marines étrangères. *L'Invincible Armada* espagnole aurait cinglé vers l'Angleterre nantie de voiles en toile de Locronan. La motorisation des bateaux et la mécanisation entraînèrent la disparition de cette activité, retracée avec ses outils au musée d'Art et d'Histoire. Hervé Le Bihan, son village chevillé au corps, poursuit cette activité pluriséculaire quasi disparue, qu'il a adaptée à

notre époque. Dans sa boutique-atelier, on peut le voir à l'œuvre, tissant avec du chanvre et du lin de la toile à coussins, des sets de tables, des nappes, des draps ou des sacs. « Le tissage est lié à l'histoire du village. Quand j'ai créé l'atelier, une centaine de Locronanais, dont beaucoup d'anciens, sont venus me voir et me dire que mon initiative les réjouissait. Pour eux, le cœur du village se remettait à battre. Ils étaient tellement habitués à entendre le bruit de la navette qui passe et frappe à chaque bout de la trame comme le battement d'un cœur », raconte-t-il.

Comme chaque fois qu'elle a lieu, il participera avec ses amis à la Grande Troménie, procession de douze kilomètres autour du village en costume et bannières au vent, que Locronan organise tous les six ans, entre le deuxième et le troisième dimanche de juillet. Au son des tambours, les habitants du village font le « tour du domaine », en breton *Tro Minihi*, comme l'accomplissait chaque semaine saint Ronan autour de son ermitage. Chaque année, entre deux Grandes Troménies, se déroule le deuxième dimanche de juillet une Petite Troménie de seulement quatre kilomètres. Pour se remettre d'un tel effort vécu en commun, il est recommandé aux participants, qu'ils soient du cru ou touristes (Locronan en reçoit 450 000 chaque année), de continuer à partager la convivialité ambiante en dégustant un kouign amann et en trinquant à l'avenir, au plaisir et à la bonne santé, dans l'un des bars qui, avec les boutiques d'artisans, jalonnent les rues.

Page de gauche
La rue Saint-Maurice débouche sur la place de l'église Saint-Ronan, du plus pur style gothique. Quelle belle harmonie de gris et de bleus !

La grosse tour occidentale de l'église Saint-Ronan, qui a perdu sa flèche, est précédée d'un porche surélevé de plusieurs marches.

Défilé en costume traditionnel et bannière au vent pendant la Grande Troménie, qui se déroule autour du village en juillet, tous les six ans.

SAINT-SULIAC

Avec ses rues pentues et ses maisons de granit, construit autour de son port et de son église, Saint-Suliac, où les filets de pêche ornent les façades, a gardé son authenticité et son identité. Refusant de se transformer en village à touristes, sur l'estuaire de la Rance classé et protégé, à 60 kilomètres de Rennes, il s'affiche comme celui des jours tranquilles. Il accueille avec un grand bol d'air iodé et conseille à tout nouvel arrivant de coiffer sa casquette de marin, car à Saint-Suliac, depuis la nuit des temps, on apprend à naviguer avant de savoir lire et compter. Avec ses douze kilomètres de rivage, la commune a tout d'une presqu'île. Typiquement bretonne, classée parmi les « Plus Beaux Villages de France », fleuron de la côte d'Émeraude, elle est tout entière tournée vers la mer et l'eau.

En haut du bourg, l'église des Ligueurs, classée, du XIIIe siècle, l'une des plus vieilles de Bretagne, domine de son étrange tour carrée fortifiée les multiples petites rues tortueuses. Saint Suliac, moine gallois à qui sont attribuées toutes sortes de miracles, y a son tombeau. La Vierge Marie y reçoit les offrandes des marins pour qu'elle les préserve des naufrages. En suivant les ruelles qui rappellent la longue histoire maritime du lieu, au hasard d'un jeu de piste, sur les encoignures des maisons anciennes ou sur leurs façades, des têtes joufflues ou malicieuses apparaissent, ornements remontant parfois au XVIe siècle.

SERGE LELOUËT
La moustache généreuse et la parole facile, cet ancien pêcheur et père de pêcheur a ouvert une brocante d'objets maritimes.
Il collectionne les objets anciens et les retape avant de les vendre dans sa brocante, sorte de caverne d'Ali Baba. On trouve dans sa maison presque plus d'objets que dans sa brocante. Amoureux de la mer, il continue à se balader en bateau à bord de son doris, une embarcation traditionnelle.

Page de gauche
Sur l'estuaire de la Rance, le petit port fleuri aux rues pentues, dont les façades de granit sont ornées de filets de pêche, a conservé son authenticité.

Jadis utilisés pour la pêche à la morue sur les bancs de Terre-Neuve, les doris servent maintenant à toutes les pêches dans l'estuaire et donnent lieu, l'été, à de grands rassemblements.

À l'ombre de la tonnelle, appuyé à des cordages qui lui servent de coussin, ce chat vit, comme ses maîtres, des jours tranquilles dans une maison de pêcheur.

L'église Saint-Suliac, du XIIIe siècle, est l'une des plus anciennes de Bretagne. Elle présente une étrange silhouette avec sa grosse tour carrée fortifiée surmontée d'un étage octogonal d'où part la flèche.

Vestiges du camp viking abandonné. Situé sur le domaine public maritime, il n'en reste que les fondations en pierre émergeant à marée basse.

Page de droite
Statues ornant le porche de l'église.

« Un bon souvenir à bord de la chippe *Maria*, cette embarcation traditionnelle qu'on utilisait pour la pêche aux lançons, dans l'estuaire. »

Les boutiques sont bien approvisionnées, comme celle du brocanteur. Serge Lelouët, trente ans de pêche sur tous les océans du monde et une passion pour la mer plutôt envahissante, se fait un plaisir de servir de guide. Il a Saint-Suliac dans le sang et le connaît comme sa poche. À l'entrée du rocher du Corsaire, sa caverne d'Ali Baba, consacrée aux objets maritimes qu'il collectionne et au besoin retape, la moustache généreuse et la parole facile, il explique : « Un arbre, trois bouts de bois, ça te fait un bateau… C'est génial ! » Nul mieux que lui ne sait l'histoire de ce coin de terre où il a jeté l'ancre, bien qu'il continue à se balader à bord de son doris, une embarcation traditionnelle. « Autrefois, les filets étaient en coton, on les mettait à sécher sur les murs, maintenant on continue, mais plus pour la déco », dit-il avant de rappeler que des générations de marins suliaçais sont partis pêcher la morue à Terre-Neuve, et que beaucoup n'en sont pas revenus.

Bon marcheur, il détaille les sentiers de randonnée qui, depuis Saint-Suliac, suivent la côte et vont à la rencontre de sites aussi intéressants les uns que les autres. Ils mènent au moulin à marée de Beauchet, moulin à grains utilisant la force de l'eau, aux anciennes salines des Guettes fondées en 1736, avec dix bassins de décantation protégés par une digue, à la pointe du Puits, à la pointe de Grainfollet. Un oratoire dédié à la Vierge, leur patronne, y a été édifié en 1894 par les morutiers, pour la remercier de les avoir fait revenir sains et saufs de Terre-Neuve. Ils conduisent au mont Garrot, qui surplombe l'estuaire de la Rance et d'où la vue porte loin. Caché au milieu des pommiers, un spectaculaire menhir du Néolithique, en pierre de quartz blanc, d'environ cinq mètres de haut, se dresse là et apporte la preuve que la région était habitée dès la préhistoire. Par ces chemins, on peut également gagner à pied les pays de Saint-Malo, Dol-de-Bretagne, Dinan, et du Mont-Saint-Michel. À moins que, gagnés par la douceur du lieu, par ses jardins et ses façades fleuris, par le confort de ses maisons d'hôtes, alléchés par la cuisine goûteuse d'une rôtisserie comme l'incontournable ferme du Boucanier, réjouis par la faconde de ses neuf cents habitants, à l'abri du vent, vous ne décidiez de faire de Saint-Suliac le repaire de votre farniente. Alors, sans effort, vous pourrez admirer, fait rarissime, un camp viking. Situé sur le domaine public maritime découvrant, longtemps énigmatique, il ne présente plus que des fondations en pierre émergeant à marée basse. Ces marins pillards ont dû y établir une place forte. Occupée vraisemblablement entre 900 et 950, celle-ci devait consister en une fortification de bois juchée sur un promontoire de terre, entouré d'un assemblage de pierres qui dominait la Rance, et en un retranchement extérieur, certainement protégé par des pieux pouvant accueillir les drakkars à l'abri côté terre.

De tout cela, il émane un parfum d'enfance, de confitures de grand-mère et de récits fantastiques propres à nourrir l'imagination.

Centre

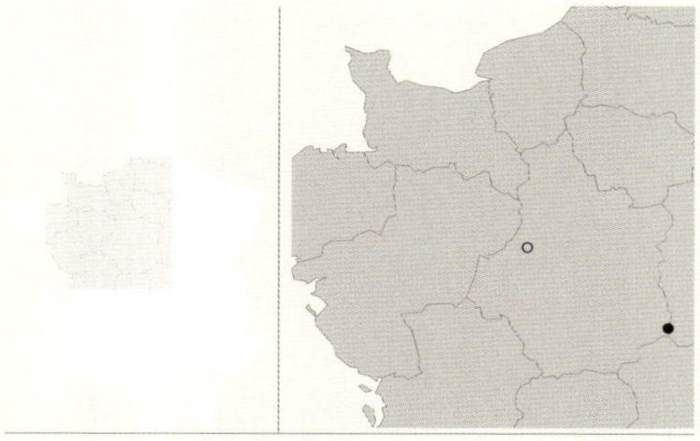

● Apremont-sur-Allier ○ Lavardin

Du Berry à l'Orléanais et au Perche, de la Touraine à la Sologne, le Centre conserve le souvenir de la présence des rois. Majestueuse, parfois capricieuse, toujours singulière et belle, la Loire le traverse d'est en ouest. De châteaux en villes et vignobles, elle éclaire son ciel de cette lumière si particulière qu'elle a inspiré tant de peintres, à commencer par Léonard de Vinci. Il faut la suivre à pied, à cheval, à vélo, en voiture, la survoler en montgolfière, ou la descendre en bateau, à la rame, en passant par Gien, Orléans, Beaugency, Blois, Amboise et Tour. On a l'habitude de considérer que les châteaux de la Loire commencent à Chambord, dont Alfred de Vigny disait « c'est un rêve réalisé ». Tout y est démesuré, la beauté, la hauteur et la largeur, la structure et la décoration. Mais ceux de Gien, Sully, Cheverny, Blois, Chenonceau et bien d'autres, qu'ils soient sur les rives ou dans les terres, méritent un arrêt, sinon une visite. Cette belle et grande région offre aussi d'innombrables balades en forêt ou au bord de l'eau. Dans le parc naturel régional de la Brenne, « aux mille étangs », l'eau, les bois, les landes et les prairies s'interpénètrent. Papillons rares et libellules, poissons et grenouilles, oiseaux aquatiques et terrestres, ragondins et grands mammifères y vivent en bonne intelligence et se laissent observer. Dans le Loir-et-Cher, à Saint-Aignan, sur trente hectares, le parc zoologique de Beauval, l'un des quinze plus beaux du monde, compte 4 600 animaux, dont Yuan Zi et Huan Huan, un couple de pandas prêté par la Chine. La région Centre abrite également quelques-unes des plus grandes cathédrales de France, à Bourges, Chartres, Orléans et Tours, les célèbres abbayes de Saint-Benoît et de Noirlac et, à Germigny-des-Prés, l'une des plus anciennes églises de France, rare exemple du style architectural carolingien.

Page de gauche
En pleine nature, Chambord, château le plus vaste et le plus prestigieux de la Renaissance, né du rêve de François Ier, ouvre les portes du Val de Loire.

Étrange vitrail de l'Apocalypse (XIIIe siècle), dans la cathédrale Saint-Étienne de Bourges (Cher).
Dans le jardin d'ornement du château de Villandry (Indre-et-Loire), les buis forment des symboles musicaux, des cœurs, des volutes…
Le parc naturel régional de la Brenne, aux mille étangs, abrite une faune et une flore très riches.

APREMONT-SUR-ALLIER

Pour admirer un vrai village-jardin, c'est à Apremont-sur-Allier qu'il faut aller, à quinze kilomètres de Nevers. Sur les bords de l'Allier, dominé par son imposant château, ce village de quatre-vingt-sept âmes séduit les amoureux de la nature et de la tranquillité. Ses maisons sont bâties dans le style médiéval du Berry. Leurs volets sont peints en rouge sombre. Rien ne pollue le décor, pas un fil électrique, pas un poteau, pas une enseigne au néon. À la nuit, la lumière tombe de lanternes en fer forgé. L'ensemble baigne dans un océan de fleurs : le parc floral d'à côté a débordé dans l'unique rue.

Ce parc de cinq hectares, classé « Jardin remarquable » par le ministère de la Culture, a été créé au début des années soixante-dix par Gilles de Brissac, et s'inscrit parmi les plus pures créations contemporaines. Ce paysagiste de talent a remodelé le site grâce à un barrage sur la vallée, élevé avec six cents tonnes de rochers. Il a permis d'alimenter une cascade et de capter les eaux des collines environnantes. Les glycines, les roses et les

clématites développent d'abondantes floraisons sous une pergola de presque cent mètres, à côté des essences les plus rares de conifères, de caducs, de vivaces et d'arbres à fleurs.

Le parc est jalonné de nombreux belvédères et folies. Ces « fabriques » rappelant les constructions du XVIIIe siècle sont l'œuvre du peintre-architecte russe Alexandre Serebriakoff. Un pont chinois rouge vif, avec sa pagode au toit en écaille, enjambe un calme ruisseau.

Page de gauche
Sur les rives de l'Allier, dans la verdure, Apremont, quatre-vingt-sept âmes, aligne ses maisons bâties dans le style médiéval du Berry.

Dans le parc floral du château, classé « Jardin remarquable », un pont pagode rouge vif et son toit en écaille, créé en 1985 par le peintre-architecte russe, Alexandre Serebriakoff, invite au voyage.

> « On le surnomme le "village jardin", tant le parc floral fait partie intégrante de ce bourg charmant et paisible. »

Depuis la disparition de Gilles de Brissac, sa sœur, écrivain de talent et plusieurs fois lauréate de prix littéraires, est devenue propriétaire du château, du parc floral et des maisons d'Apremont-sur-Allier. Personnage haut en couleur, elle vit dans l'ancien potager du château et passe ses journées à « crapahuter » dans ses propriétés. Elle supervise l'entretien de la forêt, du jardin et la gestion de la brasserie... Mais elle trouve aussi le temps de s'isoler et de s'adonner à sa véritable passion, l'écriture. La famille de Brissac est installée à Apremont depuis trois siècles, les racines d'Elvire sont là. Pour rien au monde elle ne le quitterait.
Tous les habitants la connaissent et l'apprécient : « Au Moyen Âge, ces maisons abritaient des mariniers, des conducteurs de bateaux. Ils acheminaient sur l'Allier la pierre de taille extraite des nombreuses carrières d'Apremont, dit-elle en désignant la plus ancienne des maisons, c'était la capitainerie. » Sur l'ancienne place, les maisons qui l'entourent sont toujours toutes habitées. Elvire s'approche d'une vieille dame, « C'est Suzanne Orfèvre, la mémoire du village. Depuis qu'elle réside ici, elle a été témoin des moindres changements d'Apremont. » « Moi, répond Mme Orfèvre, j'avais vu un pré autrefois et il a été transformé en merveille. » Cette merveille, la voici ! Le parc floral ! Un paysage bucolique qui fait la joie des visiteurs depuis 1976. Celui qui l'entretient tous les jours, c'est Tony, le chef jardinier que voilà. « Apremont, ça ne s'explique pas, c'est beau, ça se vit et nous sommes des privilégiés d'y résider d'un bout de l'année à l'autre. »

Les habitants d'Apremont-sur-Allier forment une grande famille qui aime se réunir sur les rives de leur fleuve pour fêter anniversaires, mariages ou encore le succès de la fête des Plantes qui se déroule généralement à la fin mai. Il leur arrive de se promener le long de l'Allier, et de conseiller à l'occasion aux visiteurs de louer un canoë pour découvrir leur village autrement. Elvire, qui gère les deux mille hectares de forêt de son domaine, ajoute : « J'ai planté quatre cent mille arbres dans ma vie, dont 300 000 chênes. Je ne les verrai pas grandir ! » Un peu de nostalgie. Mais quelle belle œuvre tournée vers l'avenir !

Page de gauche
Jadis, des carriers extrayaient la pierre des carrières d'Apremont et des mariniers la convoyaient par bateau vers le Val de Loire.
De cette activité, il reste d'adorables maisons aux façades ocre rose.

Le jardin enchanteur est agrémenté de « fabriques », constructions d'agrément réalisées dans l'esprit du XVIIIe siècle. Le Pavillon turc évoque ici les rives du Bosphore et les splendeurs de l'Empire ottoman.

Dominé par le gris bleuté des toits des cinq tours de son château, le village se coule dans les infinies nuances de vert de son parc floral, inspiré du jardin de la romancière anglaise Vita Sackville-West, à Sissinghurst, en Angleterre.

LAVARDIN

Dans le Loir-et-Cher, à quarante-trois kilomètres de Blois, Lavardin est un rêve de pierre au-dessus de la vallée du Loir. Délivré des tumultes de l'histoire, le village se blottit au pied de son imposant château dont les ruines demeurent joliment accrochées au coteau crayeux. Pour accéder à ce havre de paix aux façades lumineuses, il faut enjamber le Loir. Long de cinquante-six mètres, un pont gothique posé sur huit arches montre le chemin, et invite à poursuivre sa route pour atteindre le promontoire du château en empruntant des ruelles pittoresques et fleuries, bordées de maisons médiévales restaurées avec goût. Déjà signalée au XIe siècle, la forteresse dotée très tôt d'un donjon de pierre témoigne de rudes combats entre féodaux voisins. Pendant plus d'un siècle, les seigneurs de Lavardin et de Montoire se livrèrent une guerre sans merci pour des questions de suzeraineté. La guerre de Cent Ans les réconcilia.

Une belle demeure du XVIe siècle avec sa fenêtre à meneaux.

Entrée d'une habitation troglodytique pourvue de tout le confort. À Lavardin, on en compte 446 pour 226 personnes.

Page de droite
Un pont gothique enjambe le Loir. Il permet d'accéder au village sur lequel veillent les imposantes ruines d'un château fort qui résista à Richard Cœur de Lion et se rendit à Henri IV, qui le démentela.

Dans la verdure, Lavardin, un rêve de pierre au-dessus de la vallée du Loir.

Les lavandières ont déserté le lavoir, mais les pêcheurs continuent à traquer le poisson dans les eaux claires du Loir.

Christ en majesté appartenant aux superbes fresques du XIIe siècle et du début du XVIe siècle de l'église romane Saint-Genest. Elles ont été redécouvertes au siècle dernier sous la couche de chaux qui y avait été appliquée au XVIIe siècle.

> « Une qualité de vie que protègent jalousement les habitants, mais qu'ils vous feront volontiers partager. »

Ils s'allièrent pour résister victorieusement à Richard Cœur de Lion, puis à Henri II d'Angleterre. Il en fut tout autrement à l'orée du XVIIe siècle. Ses sujets du Vendômois refusèrent de reconnaître roi de France Henri de Navarre, par sa mère duc de Vendôme, au prétexte qu'il avait été protestant. Henri IV marcha sur Lavardin, l'enleva et en fit démanteler les murailles.

Il n'y a pas meilleur guide qu'Hubert Bretheau, Hubert pour tout le monde, le maire de Lavardin, dont la mairie, ancien prieuré Saint-Genest, fit office de presbytère jusqu'en 1949. Il aime contempler son fief depuis le donjon, même si, à 45 mètres au-dessus du sol, le point de vue se mérite. « J aime cette vue sur la rivière du Loir qui nous donne une vallée très agréable à vivre. On y cultivait des vignes, maintenant disparues. Nous en avons gardé l'habitude de nous retrouver, de partager les bonheurs de la terre. » Des retrouvailles, il y en a de fréquentes autour d'une canne à pêche sur les bords du Loir. « Vingt minutes avant le lever du soleil, nous sommes en poste. Vers 8 h 30, casse-croûte, puis on retourne à la pêche jusqu'à midi. Nouveau casse-croûte en prenant son temps, tout en surveillant le bouchon, et puis, ma foi, la journée est bien entamée… On a des aventures extraordinaires à Lavardin ! », commentent Ernest et Jean-Michel, deux adeptes des jours tranquilles au bord de l'eau.

L'aventure continue par la promenade du poète qui s'étire le long du Loir, ainsi nommée en hommage à Pierre de Ronsard. Le « prince des poètes » naquit en Vendômois, au château de la Possonnière, à portée de voix. La balade continue par la maison gothique qui fait face à la maison de Florent Tissard, valet de fourrière de François Ier. Celui-ci la fit bâtir au XVIe siècle. Elle est ornée en façade d'une très gracieuse tourelle en encorbellement. Rien n'empêche de jeter un œil au prieuré Saint-Martin, où Claudel résida en 1928, et où il rédigea ses *Entretiens en Loir-et-Cher,* et de terminer par un arrêt à l'atelier de Sylvain, le fileur de verre, qui accomplit un travail de haute précision.

Mais il ne faut surtout pas quitter Lavardin sans avoir vu de près ses curieuses habitations troglodytiques. Il en existe 446 pour 226 habitants. La *rotte* (« sentier », en patois) aux biques y conduit. La plupart sont nées d'excavations creusées par les tailleurs de pierre qui construisaient le château. « Alors que beaucoup de gens s'imaginent que nous vivons ici vêtus de peaux de bêtes et privés de tout, nous avons l'eau, l'électricité, Internet et tout le confort », explique Monique qui y habite et y tient un restaurant réputé dont la spécialité est le gigot à la ficelle. « Je perce l'os du gigot et j'enfile une ficelle dans ce trou. Puis j'accroche le tout au-dessus des braises. Chaque fois que je passe devant, je tourne, comme le faisaient les cuisiniers du Moyen Âge. Nous faisons tous ainsi dans nos caves. C'est la cuisine des caves », dit cette excellente cuisinière. Il faut compter deux à trois heures de cuisson, le temps nécessaire pour mener à bien une partie de chouine, le jeu de carte local, dont le championnat du monde se déroule chaque année à Lavardin.

Champagne-Ardenne

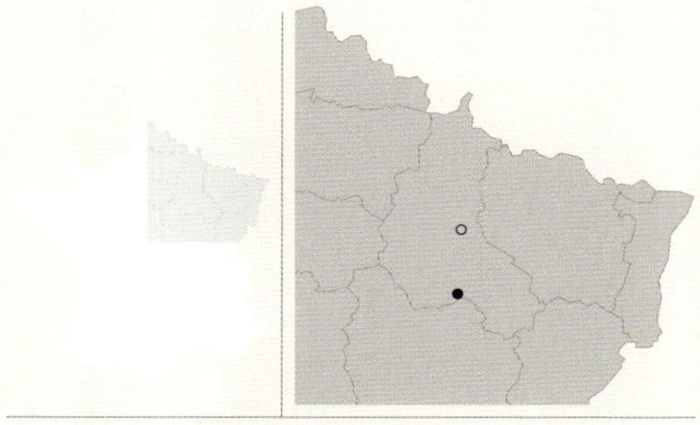

● Essoyes ○ Saint-Amand-sur-Fion

À l'est du Bassin parisien, la région Champagne-Ardenne regroupe quatre départements, les Ardennes, l'Aube, la Marne et la Haute-Marne, et se décline en quatre grands pôles. La vallée de la Meuse, fleuve frontière, aux forêts denses et giboyeuses hantées par des personnages légendaires, offre des promenades aux randonneurs aguerris ou débutants. Places fortes telles Rocroi et Sedan, églises fortifiées et musées dédiés aux combattants de la Première Guerre mondiale y racontent le passé tourmenté d'une zone frontalière. Charleville-Mézières, patrie de Rimbaud, accueille l'École supérieure nationale des arts de la marionnette, à l'origine, tous les trois ans, du Festival mondial des théâtres de marionnettes. Le triangle d'or du champagne, qui épouse les contours du vignoble champenois, est délimité par trois villes phares : Reims, où les rois de France étaient sacrés, Épernay, dont les caves creusées dans des crayères sont des lieux magiques, et Châlons-en-Champagne qui, à cheval sur les deux rives de la Marne, associe plaisirs simples et richesses architecturales. La région des grands lacs, entre Saint-Dizier et Troyes, capitale de la maille, rassemble les lacs poissonneux du Der-Chantecoq et de la forêt d'Orient, créés pour endiguer les crues de la Marne et de la Seine. Le parc naturel régional de la forêt d'Orient abrite une multitude d'oiseaux. Le pays des sources couvre un triangle limité par Arc-en-Barrois, où la machine à vapeur haute de trois étages de l'ancienne scierie est classée monument historique, Bourbonne-les-Bains, unique station thermale de Champagne-Ardenne, et le sud de Langres, plateau en pente douce qui abrite quatre lacs. L'Aube et la Marne y sortent de terre dans un écrin de verdure. Il compte la cité de Langres avec ses remparts, le château de Cirey-sur-Blaise, où séjourna Voltaire, et Colombey-les-deux-Églises, où repose le général de Gaulle.

Page de gauche
Du jaune doré au rouge vif, à l'automne, le vignoble champenois se pare de belles couleurs.

Le parc naturel régional de la Forêt d'Orient et ses trois lacs sont une bouffée d'air pur au cœur de l'Aube. La cathédrale de Reims, où les rois de France étaient sacrés. À Troyes, il arrivait que les parties hautes de la façade ou de la toiture soient recouvertes « d'essentes », petites tuiles de bois.

À Essoyes, laissez-vous charmer par les vieilles maisons à pans de bois, typiques de la Champagne.

Page de droite
Marié à une Essoyenne, c'est tout naturellement que le peintre impressionniste Pierre-Auguste Renoir et sa famille passèrent leurs étés dans ce charmant village.

En suivant les Chemins Renoir, vous pourrez découvrir le village d'Essoyes, mais aussi la vallée de l'Ource et les forêts environnantes.

ESSOYES

Pierre-Auguste Renoir, le grand peintre impressionniste, est tombé sous le charme d'Essoyes, village natal de son épouse Aline et de sa gouvernante et modèle, Gabrielle Renard. Comment en aurait-il été autrement ? Au sud de Troyes, à dix-huit kilomètres de Bar-sur-Seine, ce bourg d'un peu plus de sept cents âmes est assis au bord de l'Ource, un petit affluent de la Seine calme et paisible, bucolique et plein de ressources. Dès l'époque celtique, le site devait être attrayant, puisque des hommes commencèrent à y bâtir. Depuis le Moyen Âge, plusieurs moulins puisaient dans la rivière la force motrice nécessaire à la fabrication du papier. Cette industrie, non négligeable pour la prospérité locale, périclita à la fin du XVIIIe siècle, laissant derrière elle quelques belles maisons de pierre.

L'architecture du bourg doit beaucoup à la famille Hériot. Charles-Auguste Hériot, cofondateur des Grands Magasins du Louvre aujourd'hui disparus, avec lesquels il réalisa une fortune colossale, y est né. Dans son roman *Au bonheur des Dames*, Émile Zola le campe sous le nom d'Octave Mouret, un marchand entreprenant représentatif de son temps. Au décès de M. Hériot, son frère, Zacharie Olympe, reprend l'affaire avec succès et se montre reconnaissant envers Essoyes. Il y agrandit considérablement le château qu'il a acquis, lui conférant un style néo-classique. La commune l'a racheté en 1936, y a installé l'école dans la partie gauche, et la perception dans la partie droite. L'église bénéficia aussi des dons de cette famille qui lui offrit des vitraux et un orgue désormais classé.

Au cimetière, plusieurs Hériot sont enterrés dans un impressionnant tombeau. « Notre cimetière est un véritable musée », dit Bernard Pharisien, arrière-petit-cousin d'Aline Renoir et petit-neveu de Gabrielle Renard qui, au fil du temps et de ses recherches, est devenu le meilleur historien d'Essoyes et de ses illustres personnages. Il leur a consacré plusieurs ouvrages. Chapeau noir, lunettes sur le nez, il met ses talents de conteur au service des curieux. Dans le cimetière, il s'arrête devant la tombe de Pierre-Auguste Renoir, surmontée du buste du peintre coiffé de sa casquette. Il est enterré avec deux de ses fils, Pierre (1885-1952) et Jean, le cinéaste, décédé en 1979, ainsi que la seconde épouse de ce dernier, Dido Freire, morte aux États-Unis en 1990. Juste derrière, reposent dans une même tombe Mme Renoir, sa mère, son fils Claude (1901-1969) et son petit-fils Claude junior, fils de Pierre, décédé en 1993. Cette tombe était surmontée du buste en bronze d'Aline Renoir, mais il a été descellé et dérobé en juillet 2005. À quelques mètres de la sépulture de Mme Renoir se trouve celle du sculpteur Louis Morel (1887-1975). Enfant du pays, il devint l'assistant de Pierre-Auguste Renoir pour la réalisation de sculptures. Il créa en 1914 la pierre tombale de la famille Pichon. Il la couronna d'une femme nue assise, qui choqua les populations d'alors et continue à étonner.

> « Indissociable du peintre Renoir. Tout comme lui, on se laisse charmer par ces vieilles maisons à pans de bois typiquement champenoises, et par ces paysages de vignobles et de forêt. »

Les Renoir ne sont pas morts à Essoyes. Ils y sont revenus pour toujours. Ce village était inscrit dans leurs veines et les inspirait. Pierre-Auguste y a passé de nombreux étés, y avait acheté une maison et y a puisé

une bonne part de son inspiration. Dans beaucoup de ses toiles, on retrouve les rues étroites et sinueuses, la rivière, et partout la tendre lumière. Le peintre a posé son chevalet dans maints endroits du village, immortalisant une ambiance, une scène, des laveuses en 1888. Au fond d'un jardin, l'atelier dans lequel il s'enfermait pour finaliser ses toiles a été transformé en musée. Désormais propriété de la commune, réaménagé suivant une nouvelle scénographie, il se visite, de même que L'Espace Renoir consacré au peintre et à sa famille.

Une balade dans Essoyes montre que, très fière de son passé et de ses hôtes illustres, la bourgade sait aussi agréablement vivre son présent et accueillir. Des jeunes couples viennent s'y installer. Une maison d'hôtes accueille les gens de passage. Elle a été créée dans un pavillon Louis-Philippe, construit pour loger les invités des parties de chasse et entièrement restauré par son propriétaire. « Je l'ai découverte et j'ai eu envie de la faire revivre », dit-il en levant le verre de l'amitié : « À Essoyes, à Renoir, à Gabrielle ! »

Page de gauche
Maison natale de Gabrielle Renard, modèle favori de Renoir.

En 1906, Pierre-Auguste Renoir fit construire un atelier très lumineux au fond du jardin de la maison familiale.

BERNARD PHARISIEN,
petit-neveu de Gabrielle, modèle célèbre du peintre,
est le plus grand spécialiste du village d'Essoyes, de ses lieux et de ses illustres personnages. Il fait découvrir son village natal aux touristes lors de « promenades contées ». Il est un conteur incroyable qui n'a jamais cessé ses recherches sur ses lointains parents.

L'Espace des Renoir, ouvert toute l'année, abrite une exposition permanente, une salle de spectacle et des expositions temporaires.

SAINT-AMAND-SUR-FION

À douze kilomètres de Vitry-le-François, Saint-Amand-sur-Fion coule des jours tranquilles. Entre deux collines, sur les rives du Fion, petit affluent de la Marne, le village s'étire sur deux kilomètres et se prolonge par deux hameaux, Coulvagny et La Cense-des-Prés. C'est la force motrice de l'eau qui, depuis les temps les plus reculés, a attiré les hommes sur ce site. Le nom du ruisseau surprend au premier abord, mais si son étymologie demeure obscure, il semble que des Carolingiens l'aient choisi. Dès le plus haut Moyen Âge, le Fion, qui possède l'immense avantage de ne jamais être à sec et de ne jamais déborder, coulait en effet au cœur d'un territoire appartenant au chapitre cathédral de Châlons, et déjà des moulins à eau y étaient installés. En 1189, le propriétaire d'un moulin, désirant partir en croisade, le vendit à l'ordre de Malte qui y installa un lazaret avec les Frères Hospitaliers de Jérusalem. Depuis, on l'appelle le « moulin de la Commanderie » ou le « moulin de l'Hôpité ». Depuis toujours, les habitants de Saint-Amand ont utilisé au quotidien la force hydraulique du Fion pour leur travail. Le village possédait six moulins. Deux ont été totalement rénovés. Si l'activité meunière a disparu, la rivière fait toujours le bonheur des villageois, des randonneurs, et surtout des pêcheurs qui y traquent la truite. Depuis le pont de l'église ou depuis le pont Mathieu, on peut apercevoir sur ses bords quelques petites constructions en torchis, des lavoirs, tous privés, souvenirs de l'époque où la machine à laver n'existait pas et où retentissaient les battoirs.

Rue du Pont-de-l'Église, ferme traditionnelle en torchis et pans de bois. La vie s'y organisait autour de la cour, où cohabitaient plusieurs générations.

Détail de la frise de pierre sculptée sur les colonnes de l'église évoquant la vie du village, ici la vigne et ses prédateurs.

Page de droite
L'église de Saint-Amand fut construite au XIIe siècle en style roman. Son porche champenois fut restauré au XVe siècle. Elle brûla au XIIIe siècle à la suite d'un orage et fut reconstruite en style gothique.

“On peut y admirer une des plus belles églises rurales de France, à laquelle ce chœur gothique flamboyant vaut d'être appelé “Merveille de Saint-Amand”.”

De ses activités anciennes, ce bourg d'un millier d'habitants a hérité de nombreuses maisons à pans de bois et torchis. Ce sont des fermes qui s'articulent autour d'une cour fermée, souvenir de l'oppidum romain, à laquelle on accède par un portail à deux battants ouvrant sur le porterue. La vie s'organisait dans et autour de ces cours. Elles comprenaient plusieurs petits logements, l'essentiel des bâtiments étant réservé aux étables, aux écuries et au stockage des grains et des fourrages. Enfant du pays, amoureux de cet habitat traditionnel, Sylvain Lanfroy a transformé une partie de la ferme familiale en chambres d'hôtes et se fait un plaisir d'en retracer l'histoire pour ses visiteurs d'un ou plusieurs soirs.

Ces fermes étaient séparées par des passages, ces ruelles qui conduisaient au Fion ou le longeaient et qui n'ont rien perdu de leur charme et de leur mystère, au contraire. Elles participent pleinement au plaisir de la visite.

Saint-Amand possède sa « merveille » et l'on vient de loin pour l'admirer, pour s'étonner. C'est son église, édifiée entre 1138 et 1147, mélange de gothique et de roman, « indéfinissable, ahurissante pour une église de village », reconnaissent les Godins- nom donné aux habitants de Saint-Amand-sur-Fion. On y pénètre par un porche galerie sous lequel les paroissiens se retrouvent avant de se rendre à l'office. « Il ressemble à une partie de cloître », disent-ils. L'église proprement dite conserve une partie romane, notamment les vestiges d'une tour à l'intérieur de laquelle se déploie un escalier à vis. Sur ces bases romanes, des ajouts ont permis, au XIIIe siècle, l'édification d'une nef et d'un chœur aux voûtes très élevées du plus pur gothique flamboyant, éclairées par de beaux vitraux.

Près de l'église coule une source, dite la « fontaine de Saint-Amand ». La légende veut que sa présence ait déterminé la construction de l'édifice sacré. Plus loin, au pied du mont Moyotte, la fontaine au Thé possède des eaux aux propriétés digestives, souveraines contre les maux d'estomac. Si l'on escalade le coteau, depuis son sommet, la vue porte sur le village et la vallée du Fion, bien fournie en circuits de randonnée qui contribuent à la réputation de Saint-Amand-sur-Fion. Et, partout, à perte de vue, des vignes.

Page de gauche
Le chœur de l'église, datant du XIIIe siècle, est séparé de la nef par une poutre de gloire aux riches courbes et contre-courbes surmontée d'un christ en croix (XVIIIe siècle).

Monique Fuinel, mémoire vivante du village, dans la pièce de vie de la ferme à pans de bois qu'elle habite. Cela sent bon l'encaustique, l'huile de coude et la vie douce.

Le porche à galerie n'est pas réservé aux parlottes des paroissiens. Les chats du village y tiennent aussi leurs conciliabules.

Corse

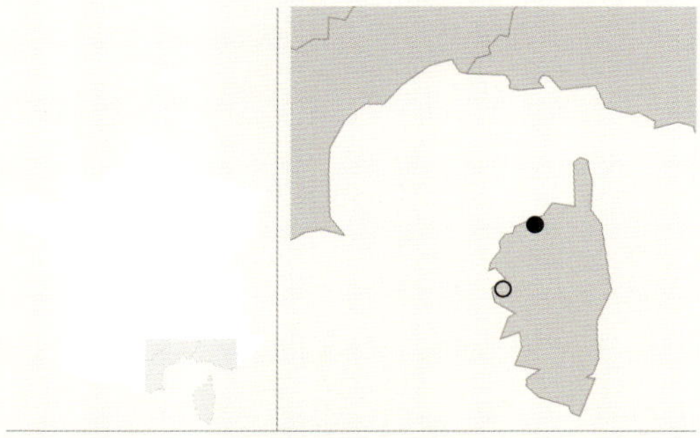

● Corbara ○ Piana

De la Corse, les humoristes disent sans rire qu'elle est « un pays de montagnes dans la mer ». Dans cette île, les géographes voient deux Corses : l'une, à l'est, schisteuse, qui fournit une lauze locale aux toits des maisons, l'autre, à l'ouest, granitique, où la tuile triomphe. Les touristes qui vont par ces vallées aux parois abruptes et difficilement franchissables y trouvent « des îles dans l'île ». Le monte Cinto, vigie de la Balagne, avec ses 2 706 mètres, point culminant de l'île, comme le Punta Minuta et quelques autres qui les suivent, offrent un magnifique terrain de jeux aux tenants de l'alpinisme. Mille kilomètres de côte sablonneuse attirent les adeptes du farniente. À l'est s'étirent de longues plages de sable; à l'ouest, une côte rocheuse, très découpée, recèle des golfes profonds où les passionnés de plongée atteignent très vite les grandes profondeurs méditerranéennes : les rouges *calanche di* Plana, le golfe de Porto dont, selon la tradition locale, le diable a découpé les formes à la hache, la réserve de Scandola, aux spectaculaires falaises, et plus au sud le Capo Rosso y constituent un ensemble inscrit au patrimoine mondial de l'humanité par l'Unesco. La Corse est un tout qui compte quatre-vingt-neuf îles et îlots, dont la plupart sont de simples rochers à quelques encablures de la côte principale. La flore s'y déploie, mérous et coraux y prospèrent dans leurs eaux. C'est à pied qu'il faut appréhender le territoire corse. Perchés sur les hauteurs, agrippés aux flancs des collines, les villages où le chant a lié les communautés conservent une belle unité architecturale. Aux tables d'hôtes ou des restaurants, on sert des cochonnailles savoureuses, des fromages qui ne le sont pas moins, ou encore des anguilles et des truites de torrent.

Page de gauche
Le Capo Rosso, en granit rose, point le plus occidental de l'Île, culmine à 331 mètres au-dessus du niveau de la mer.

Appelé le « port de Tino Rossi », le port d'Ajaccio foisonne de couleurs vives, de lumières radieuses et d'odeurs gourmandes. Avec près de 1 000 km de littoral, la Corse offre des fonds marins extrêmement riches et variés. Sartène, « la ville la plus corse des villes corses », selon Prosper Mérimé, semble prolonger le Monte Rosso.

CORBARA

Dans la Balagne, entre l'île Rousse et Calvi, Corbara égrène ses maisons du sommet du mont Guido à la mer. Blanche, coiffée de toits rouges, elle affiche une insolente splendeur méditerranéenne. À ses pieds s'étirent sept kilomètres de côtes sableuses que se partagent six plages et la très sélect marine de Davia. Davia, ce nom est indissociable de Corbara, il en est même un emblème. Davia, une Corbaraise d'une exceptionnelle beauté, une enfant du pays et la plus célèbre. De son vrai nom Marthe Franceschini, fille d'un pauvre pêcheur, elle intégra le harem du sultan du Maroc, Mohamed III (1750-1790) et y devint la sultane Dhâwiya la lumineuse. Comment cela fut-il possible ? Des légendes courent qui ne disent rien de son l'histoire réelle, mais la rendent belle et passionnante. Quoi qu'il en soit, de ce fabuleux destin, il subsiste près de la mairie la *Casa dei Turchi*, en français, la « maison des Turcs », que la belle souveraine aurait fait construire pour ses frères restés au pays.

« Pourquoi aller chercher ailleurs quand on a tout sur place ? », disent les mille habitants de Corbara en montrant le ciel ensoleillé, le bleu de la mer à l'horizon, la montagne à portée de main et les collines environnantes où foisonnent oliviers, citronniers et figuiers de Barbarie. Pierre-Antoine Savelli, le maraîcher, rappelle à tous qu'autrefois la Balagne était le jardin de la Corse et que Corbara en était l'épicentre. Cette activité est loin d'avoir disparu. Tous les jours, il en apporte la preuve en vendant les fruits et les légumes du couvent Saint-Dominique.

Située sous le couvent Saint-Dominique et construite en 1765, la chapelle Notre-Dame de Lazio est un sanctuaire où se déroulent toute l'année des cérémonies. Le 15 août, la messe de l'Assomption est suivie d'une procession.

À 2 kilomètres de l'île Rousse, les deux petites plages de Bodri et Gjunchitu offrent un beau sable fin et des eaux limpides.

Page de droite
Bâti vers 1430 sur les flancs du mont Sant' Anghjulu (Saint-Ange), le couvent Saint-Dominique est le plus important de Corse et un lieu de retraite.

“ Sans aucun doute l'un des patrimoines religieux les plus importants et les plus intéressants de Corse. ”

AMADEI NONCE, dit « Nono », ne quitterait son village pour rien au monde. Il va régulièrement discuter avec les frères qui gèrent la congrégation de Saint-Jean, au couvent Saint-Dominique.

Bâti vers 1430 sur les flancs du mont Sant'Anghjulu (Saint-Ange), couvent classé, le plus important de Corse, avec vergers et jardins clôturés, il est occupé par les frères de la congrégation de Saint-Jean. En plus de leur activité agricole, les moines ont fait de leur maison un lieu de retraite et d'accueil à la journée, à la semaine ou pour des périodes plus longues. « Les frères n'accueillent pas que des chrétiens. Leur porte est ouverte à tous, à tous ceux qui sont en recherche, à qui ils essaient d'apporter une note de joie, afin qu'ils repartent réconciliés avec eux-mêmes et ouverts aux autres », dit le maire, Paul Lions. Les cellules monacales ont été transformées en chambres. L'un des premiers à y avoir séjourné est Guy de Maupassant, en 1880. À la fin du siècle suivant, Alain Peyrefitte, l'ancien ministre du général de Gaulle, y trouvait le calme nécessaire à l'écriture de ses livres. Le soir venu, du haut de ses terrasses, la vue porte au loin et descend sur Corbara dont les quartiers s'étagent comme les gradins d'un amphithéâtre romain.

Corbara possède deux châteaux, le premier du XIVe siècle, démantelé par les Génois au XVIe siècle, le second bâti sur des vestiges plus anciens, constructions défensives dont les ruines continuent à en imposer. En 1710, une petite chapelle s'est glissée dans l'ancienne salle d'armes. D'une simplicité désarmante, elle est toujours dédiée à Notre-Dame des Sept Douleurs avec pour seul ornement une pietà dominant l'autel. Par les ruelles pavées et les passages couverts, on atteint l'église collégiale A Nunziata, vaste vaisseau baroque édifié entre 1640 et 1715 sur le plan de la cathédrale de Bastia, et à peine moins grande qu'elle. Son maître-autel, taillé dans du marbre de Carrare, comme la chaire en noyer, retiennent l'attention. Le musée du Trésor qui jouxte l'église comprend 152 vêtements sacerdotaux de diverses époques. Qui dit mieux ?

Le musée privé de Guy Savelli, aménagé dans sa propre maison au cœur du village, mérite plus qu'un arrêt. Dans sa caverne d'Ali Baba, ce passionné de l'histoire corse a réuni des objets insolites qui, chacun à sa manière, parlent du pays. Tableaux, documents, pièces de monnaie, livres, meubles et instruments de musique racontent des métiers qui sont toujours pratiqués, souvent avec le même savoir-faire, par des artisans à Corbara : menuisiers, potiers, oléiculteurs, charcutiers, fromagers musiciens.. En riant, ce joyeux luron conclut : « À Corbara, il y a la chapelle où l'on va prier, et deux chapelles où l'on va boire. Mais il y plus de monde dans les deux chapelles, et une sacrée ambiance. Il y a toujours quelqu'un pour entonner un chant que tout le monde reprend en chœur. »

Page de gauche
En Balagne, face à la mer, au cœur d'un maquis piqueté d'oliviers et de chênes vert, Corbara est un bourg plaisant qui s'est développé autour de son église collégiale A Nunziata.

Tenu par des moines de la communauté de Saint-Jean de Jérusalem, le couvent Saint-Dominique accueille dans ses murs tous ceux, chrétiens ou pas, qui sont en recherche.

Le bar de la place, l'une des deux « chapelles » où les habitants de Corbara aiment se réunir.

Assis sur un promontoire qui surplombe le golfe de Porto, face à la Méditerranée, Piana offre un charmant condensé de l'architecture corse.

L'église Sainte-Marie, de style italien, construite à partir de 1765 à la suite d'une souscription publique, domine le village.

Page de droite
Charcuteries corses. De gauche à droite : coppa, figatellu, lonzu et saucisson.

PIANA

Au nord d'Ajaccio, à une petite heure de route, sur la côte ouest, Piana regarde la Méditerranée. Assis sur un promontoire qui surplombe le golfe de Porto, à 450 mètres au-dessus du niveau de la mer, il offre un charmant condensé de l'architecture traditionnelle corse. Ses maisons de pierre disposées en amphithéâtre, ses places ombragées où coulent des fontaines, son église Sainte-Marie de style baroque, toute blanche, et son haut campanile, ses ruelles pavées l'ont fait classer parmi les plus beaux villages de France. Pour Michel Fugain, qui en est tombé amoureux il y a plus de vingt ans, c'est même « le plus beau village du monde ». Les cinq cents Pianais ne le démentent pas, ils pensent la même chose.

Qui est venu à Piana a envie d'y retourner. Les touristes le confessent et, au cas où ils ne pourraient réaliser leur vœu, emportent des objets souvenirs fabriqués par les artisans installés à demeure. Ce sont souvent des objets de décoration réalisés à partir de bois échoué sur les plages et poli par le vent et l'eau. Une halte s'impose chez Angelo, l'incontournable charcutier de Piana, spécialiste du cochon sauvage corse exclusivement nourri de produits de la forêt, châtaignes, glands et racines du maquis qui parfument sa viande. Il faut déguster sur place ou emporter dans ses bagages du figatellu, excellente saucisse de foie à manger crue, de la coppa, échine séchée, ou encore de la boulette obtenue avec de la joue séchée. On peut aussi goûter sans modération, salé ou sucré, le brocciu, fromage de lait de brebis ou de chèvre, considéré par les Corses comme leur fromage « national », que quatre familles de bergers fabriquent de façon traditionnelle au village.

Au bout du village, les initiés empruntent un sentier qui serpente agréablement dans le maquis, jusqu'à la crique de Ficajola. En dix minutes, on y est. Enfermée entre de hauts rochers, protégée du vent, cette plage recouverte de très fins galets s'ouvre sur une mer turquoise. Au cœur des *calanche* (mot corse pour désigner les calanques), elle offre une vue superbe sur la réserve naturelle de Scandola. La pluie et le vent n'ont pu s'en empêcher, ils ont sculpté la roche et continuent à le faire au gré de leur fantaisie et de leurs envies.

Des rochers rouges aussi pointus que des aiguilles, hauts de quelque trois cents mètres, émergent de la pinède ou du maquis et plongent dans la mer. Dans l'une d'elles se trouve le rocher des amoureux, un cœur dessiné par la nature. La légende veut que le diable soit tombé amoureux d'une bergère qui aurait refusé ses avances. Pour les punir, elle et son amoureux, le malin les aurait emprisonnés au-dessus de ce cœur. Avec un peu d'imagination, disent les vieux pêcheurs, on discerne la silhouette des amoureux, face à face. Les *calanche* sont aussi belles, qu'on les admire de la terre, de la mer en bateau, ou de la terrasse d'un des hôtels arrimés au flanc de la colline.

En toutes saisons, les Pianais ont l'habitude de descendre à la plage de Ficajola. Leurs bateaux de pêche y sont amarrés. Antoine Bacchidu, l'un des deux pêcheurs professionnels du village, en est une figure incontournable. Très actif en avril et mai, il vend son poisson à trois restaurants qui les attendent avec impatience. Depuis quarante ans, Philippine, cuisinière viscéralement attachée à son restaurant et au paysage qui l'entoure, s'émerveille en corse de la pêche du jour qui fera le bonheur de ses clients. Quinze minutes au four, et c'est prêt... Vous êtes servis... Une langouste grillée avec vue sur les calanques... Il y a pire, non ? Quelle que soit l'heure, la vue est imprenable. Au fil du jour, la roche déploie une palette de couleurs fascinantes, du rouge au rose en passant par l'orange, à faire pâlir d'envie le pinceau des peintres et des écrivains. En 1884, Guy de Maupassant avait été médusé par le spectacle. « Ces surprenants rochers semblaient des arbres, des plantes, des bêtes, des monuments, des hommes, des moines en robe, des diables cornus, des oiseaux démesurés, tout un peuple monstrueux, une ménagerie pétrifiée par le vouloir de quelque dieu extravagant », écrivit-il dans *Une vie* après être passé par Piana.

“Les *calanche* de Piana... Il faut chercher, dans ces sculptures de pierre offertes par la nature, les ressemblances avec des animaux, des personnages ou des symboles.”

Page de gauche
Petite, située entre deux falaises, la plage de Ficajola offre une étendue de sable fin et doré qui donne sur une eau turquoise où il fait bon se baigner et paresser.

Les rochers des amoureux aux *calanche* de Piana. La nature a dessiné un cœur entre eux. La légende veut que le diable soit tombé amoureux d'une bergère qui a refusé ses avances. Pour la punir avec son amoureux, le malin les aurait emprisonnés au-dessus du cœur.

Depuis quarante ans, Philippine est une cuisinière viscéralement attachée à son restaurant et au cadre qui l'entoure. Elle cuisine comme personne les langoustes pêchées du jour.

Franche-Comté

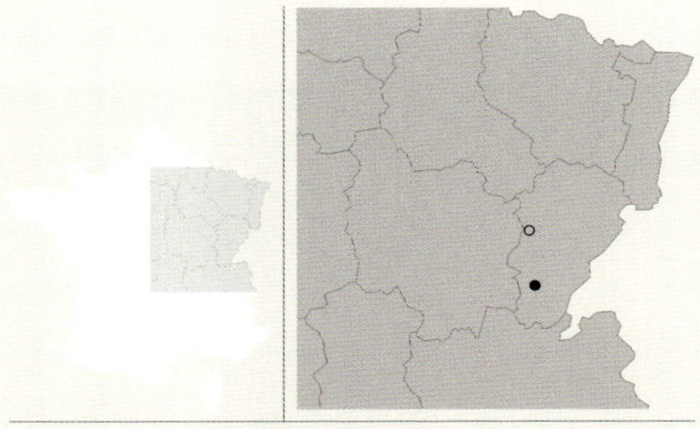

● Baume-les-Messieurs ○ Pesmes

Chez cette voisine de la Suisse, les contrastes s'attirent et se complètent dans une harmonie de formes et de couleurs. De Vesoul à Lons-le-Saunier, la nature a façonné cette terre à son goût. Résultat, un territoire serein particulièrement boisé, et des paysages variés où la faune et la flore sont protégées. En Haute-Saône, des chênes et des hêtres, dans le Doubs, des sapins et des épicéas, en plaine des charmes, des merisiers, des érables et des bouleaux. Du Jura aux vallées de la Loue, des bassins du Doubs et de la Saône aux Vosges en passant par le pays dolois, l'eau coule en abondance et alimente plusieurs stations thermales : 5 500 kilomètres de rivières, dont le Doubs qui, près de sa source à Noirmont, se glisse dans des fissures calcaires pour devenir une rivière de plaine à travers la Bresse châlonnaise-mille étangs, quatre-vingt-un lacs qui s'allongent au fond des vals comme ceux de Saint-Point et de Remoray, des cascades, des torrents et des ruisseaux. L'arc jurassien structure cette région, qui est en France la plus éloignée de la mer et offre aux Francs-Comtois des loisirs en toutes saisons. Partout, les villages traduisent les façons de vivre qu'impose le climat rude en montagne, plus doux en plaine. Grandes ou petites, toutes les villes, Dole, Vesoul, Belfort, Besançon, Montbéliard, pour ne citer qu'elles, ont restauré et réhabilité leur centre ancien. On s'y promène désormais à pied. Zone d'échanges malgré les montagnes, coincée entre l'Alsace et la Bourgogne, à deux pas du Lyonnais, la Franche-Comté cultive un art du bien vivre et des bonnes tables qui valorisent les produits de ses terroirs. Autour des classiques que sont les croûtes aux morilles, la truite ou le coq au vin jaune d'Arbois, la saucisse de Morteau au comté, les cuisiniers innovent autour de viandes de qualité et des volailles de Bresse.

Page de gauche
Dans le Haut-Doubs, au cœur du massif du Jura, Le Crouset est un village montagnard typique de Franche-Comté.

Une coupe de bois attend d'être emportée. Dans le Jura, les cascades du Hérisson ; divers belvédères et un sentier permettent de suivre les chutes. Affinage du comté au fort Saint-Antoine : chaque meule est régulièrement carottée et retournée.

BAUME-LES-MESSIEURS

Entre Champagnole et Lons-le Saunier, une seule route conduit à Baume-les-Messieurs. Contraintes et stoppées par d'abruptes et flamboyantes falaises, trois vallées verdoyantes s'y rencontrent dans deux culs-de-sac qu'en Franche-Comté on appelle des « reculées ». Dans cet endroit singulier, le paysage s'est transformé en écrin pour accueillir un vieux bourg posé à côté de son abbaye. La puissance du paysage contraste avec la simplicité du village. L'âge a donné une douce courbure aux toits et les murs de pierre acceptent avec gratitude le soutien de la vigne vierge et des roses trémières. Serrées autour de leur abbaye, les maisons entretiennent d'étroits jardins bordés de murets en pierre sèche. Un rien de nostalgie flotte au-dessus de ce bourg qui regrette son prestigieux passé. En 909, l'abbé Bernon l'a doté d'une abbaye dont la grande renommée s'est poursuivie pendant tout le Moyen Âge. La même année, selon la tradition, à la demande du duc d'Aquitaine, l'abbé qui s'appliquait à actualiser la règle de saint Benoît serait parti avec six moines fonder l'abbaye de Cluny, phare spirituel de l'Occident. À la Révolution, quand les biens de l'église furent mis à l'encan, les habitants ont acheté l'église abbatiale dont ils ont fait leur église paroissiale. La nef a

Page de gauche
Au cœur de la reculée de Baume-les-Messieurs, impressionnante échancrure dans le plateau calcaire de Lons-le-Saunier, l'abbaye bénédictine Saint-Pierre veille sur son verdoyant village depuis le IXe siècle.

L'architecture romane de l'église abbatiale Saint-Pierre frappe par son austérité voulue par ses concepteurs. Les bas-côtés ont conservé leurs voûtes d'arêtes d'origine.

Célèbre triptique flamand du XVIe siècle offert à l'abbaye par la ville de Gand en 1525.

conservé une quarantaine de tombes sous son dallage. Les nobles de la région jouissaient du privilège de s'y faire enterrer. À l'heure actuelle, l'abbaye, qui s'enorgueillit aussi d'un triptique flamand du XVIe siècle recouvert à la feuille d'or, et d'un logis abbatial intact, dispose dans un bâtiment du XVIe siècle de quatre chambres d'hôtes fort douillettes.

Aujourd'hui, Baume-les-Messieurs, c'est deux cents personnes qui aiment passionnément ce site où elles sont nées, ou qu'elles ont choisi pour sa qualité de vie. Marcel Vuillemey, quatre-vingts printemps, antiquaire à la retraite, peintre à ses heures, en connaît la petite et la grande histoire. Vous souvenez-vous de la chanson *Les Trois Cloches* et de son refrain « Un cloche sonne, sonne… », chantée par Édith Piaf et les Compagnons de la chanson ? Elle a été écrite en 1939 par Jean Villard, dit Gilles, qui avait été séduit par Baume alors qu'en route pour Paris il s'y était égaré. Ici, comme dans la chanson, on peut entendre les cloches sonner trois fois : d'abord celle de la petite église, puis celle de l'abbaye, enfin celle de Granges-sur-Baume. Quant à Jean-François Nicot, auquel la chanson fait référence, il est directement inspiré de François Nicot (1858-1929), dont Marcel a vu la tombe dans le cimetière. Il est heureux de raconter. « Les gens viennent pour voir le site et l'abbaye et s'arrêtent pour nous voir jouer aux quilles », jeux typiquement jurassien, ajoute le bonhomme, un brin malicieux.

En été, une calèche est de sortie, pour une visite de la reculée principale que l'on peut également faire en VTT loué sur place. Sous de forts beaux ombrages, la reculée, ou cirque de Baume, longue d'un kilomètre et demi, est ponctuée de cascades. Entre autres splendeurs, elle offre la monumentale cascade des Tufs dont les eaux argentées retombent par rebonds successifs sur des rochers moussus d'un vert éclatant que l'on peut observer du haut d'un belvédère : il offre une vue irremplaçable sur toute la reculée et, au-delà, sur le Jura.
Enfin, il ne faut pas hésiter à descendre au centre de la terre lors d'une visite accompagnée des grottes – fermées en hiver en raison des risques d'inondation –, et que l'on atteint après avoir passé une passerelle en suivant un couloir voûté, long de quatre-vingt-dix mètres, presque gothique. Cinq salles que l'eau a creusées accueillent les visiteurs. Vieilles de trente millions d'années, découvertes en 1610, elles appartiennent à un réseau du tertiaire qui s'étire sur deux kilomètres, mais dont seulement un tiers est accessible au public avec des galeries aménagées ne présentant aucune difficulté. Leurs voûtes perchées à quatre-vingts mètres au-dessus des têtes leur assurent une excellente acoustique, à tel point que pendant très longtemps les Baumois y organisaient chaque 15 août un concert de cor de chasse.

Après la visite, le restaurant des grottes, petit pavillon de la fin du XIXe siècle, permet un moment de détente à l'ombre d'arbres et devant des cascades. De son côté, la terrasse du restaurant de l'abbaye propose des tartines de truite parfumées à l'ail des ours, plante locale avec laquelle ces plantigrades se purgent à la fin de leur hibernation. Décidément, se rendre à Baume-les-Messieurs, c'est aller d'étonnements en surprises !

« J'ai beaucoup aimé ce bourg authentique niché au cœur d'un site naturel de toute beauté. Ne manquez pas le point de vue sur le village depuis la Reculée de Baume. »

MARIE MEIGE, issue d'une famille du pays, jeune femme dynamique, entretient un lien profond avec la nature. Elle a ouvert une tisanerie, l'atelier de « La Chaudronnette », où elle commercialise les plantes ramassées dans les forêts voisines et les « Drôlipathes », des figurines fabriquées par l'assemblage d'éléments végétaux et de fil d'ortie. D'autres artisans tiennent également boutique, un verrier, un potier, un créateur de bijoux...

Page de gauche
Un petit cours d'eau, le Dard, jaillit des grottes et dévale la pente en cascades de tuf, roche formée par précipitation des dépôts calcaires. Considérées comme faisant partie des plus belles d'Europe, ces cascades sont aussi idéales pour la pêche à la truite.

Dans ce site exceptionnel, les maisons racontent l'histoire du lieu. Elles la portent dans leurs murs, sous leurs toits, dans les murets de pierre sèche qui délimitent leur territoire et dans les petits jardins qu'entretiennent soigneusement leurs propriétaires.

PESMES

Porte de la Franche-Comté ouverte sur la Bourgogne, Pesmes séduit par le charme de ses pierres et de sa rivière. Ce village classé parmi les « Plus Beaux Villages de France » s'est perché sur un plateau rocheux dominant l'Ognon, calme et paisible affluent de la Saône. Protégées par les restes de fortifications, les maisons s'étagent de la rivière au sommet de la colline. Éric, jeune metteur en scène natif de cette commune où il a grandi, ne tarit pas d'éloges à son sujet : « Vous avez d'un côté la nature, la Franche-Comté, large, généreuse. De l'autre, juste en levant la tête, vous avez le patrimoine, des siècles et des siècles de pierres », dit-il la voix et les yeux pleins d'une passion qui ne le quitte pas.

À quand remonte Pesmes ? Nul ne le sait avec exactitude. Dès le Xe siècle, c'était une baronnie, qui fut élevée en marquisat en 1754. Ce fut une place forte stratégique sur la route menant de Gray à Dôle, plusieurs fois prise, plusieurs fois occupée, mais toujours debout. Les édifices classés témoignent d'un riche passé et d'une bonne économie. Il suffit de prendre la rue des châteaux, enfilade de belles demeures du Moyen Âge restaurées avec goût. « Elles ont résisté aux incendies et aux destructions », explique Éric, qu'a rejoint Julienne, Pesmoise passionnée d'histoire. La Maison royale, maison forte du XVe siècle à la séduisante architecture intérieure, s'est transformée en maison d'hôtes. « L'hôtel Mouchet de Châteaurouillaud, demeure seigneuriale en L des XVe et XVIe siècles, participait à la défense de la ville, notamment de la porte Loigerot », expliquent-ils.

Perché sur un plateau rocheux dominant l'Ognon, Pesmes séduit par le charme de ses pierres et de sa rivière.
Il réussit à merveille l'alliance du patrimoine et de la nature.

Page de gauche
La Vierge et l'Enfant, en marbre de Poligny, du retable de la chapelle d'Andelot date du XVIe siècle.

Rue du Donjon, chemin médiéval qui permettait l'accès au bourg castral, contrôlé par la porte du donjon.

« Une jolie cité médiévale au patrimoine varié,
mais surtout un beau cadre de vie agrémenté de nombreuses
animations culturelles et estivales. »

Cette porte, l'une des deux conservées sur les six que comptait le bourg, défendait les berges de l'Ognon et permettait l'accès à la partie du bourg voisine de l'église Saint-Hilaire, du XIIe siècle, au riche mobilier, qui ferme la perspective de la place. « Au Moyen Âge, on passait l'Ognon à gué. Les gens arrivaient et demandaient l'autorisation d'entrer au village par la tour hexagonale qui existe toujours », précisent nos guides.

C'est par la seconde porte conservée, la porte Saint-Hilaire, que passe chaque année en avril la cavalcade, défilé carnavalesque festif avec chars et musiques, clowns et acrobates, un événement incontournable dans la cité. Tout le monde y participe. « Pesmes sait rassembler tous les villages alentour. Il n'y a pas que le patrimoine ici, même si nous y tenons beaucoup, si nous savons le fleurir et le rendre attrayant. Les gens, les associations, les activités culturelles y tiennent aussi une place prépondérante », dit Éric.

À la sortie du village, sur les bords de l'Ognon, se dressent les forges qui, pendant plusieurs siècles, ont contribué à la notoriété et à la richesse du bourg. Réputées pour la qualité de leur acier, elles fabriquaient des pièces d'armement, et après le rattachement de la Franche-Comté à la France, elles fournirent en boulets l'arsenal de Toulon. Dès le XVIIe siècle, la rationalisation de sa production se conjugua avec une volonté esthétique. Tirant parti de l'île artificielle créée par la boucle de l'Ognon et le canal de dérivation, un vaste jardin, un parc arboré et un verger vinrent compléter le domaine, et le château des maîtres de forges qui dominait les logements des ouvriers et les ateliers. La production a été définitivement arrêtée en 1992. Le domaine est devenu propriété de la commune. Les bâtiments partiellement réhabilités ont été convertis en musée ouvert au public.

Le sport le plus pratiqué à Pesmes est la pêche. Sa rivière s'y montre généreuse en poissons de toute sorte. « On va à la pêche tout petit avec les parents, puis les grands-parents. C'est une tradition qui se perpétue, une activité rurale, champêtre complètement en phase avec notre village », raconte l'un des pêcheurs du village. Après la pêche, il faut aller chez Robert, le boulanger, dont la spécialité est la tourte pesmoise : du veau, du foie de volaille et du porc marinés dans du vin blanc. À déguster surtout lors d'un pique-nique au pied des remparts, sur les rives de l'Ognon, après une promenade de deux heures vers un point de vue qui balaye la vallée. De là, tout n'est que nature, rien que la nature.

Page de gauche
En bas, devant les hautes façades des riches demeures, quelques maisons modestes rappellent le faubourg populaire où vivaient les tanneurs. Comme autrefois, les vaches broutent alentour dans les verts pâturages.

Tête de Gorgone, créature fantastique dans la chapelle d'Andelot.

Dans l'église Saint-Hilaire, cette superbe chaire à prêcher, en marbre rouge et gris, date du XVIe siècle.

Haute-Normandie

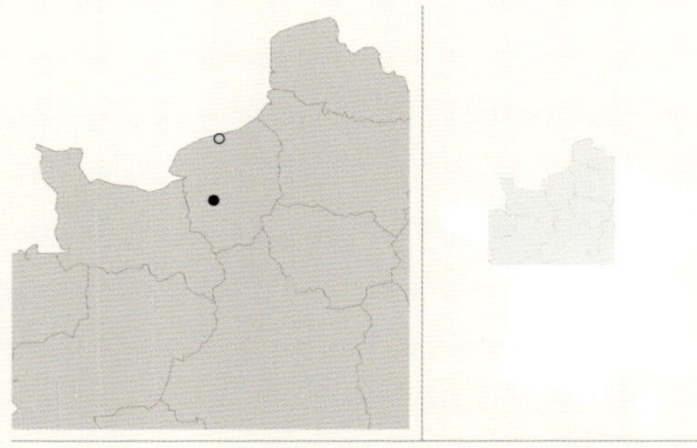

● Le Bec-Hellouin ○ Veules-les-Roses

Solidement amarrée à la terre, la Haute-Normandie est également tournée vers la mer. Bucolique, sous des cieux changeants et doux qui ont inspiré des générations de peintres, des boucles de la Seine aux blanches falaises calcaires d'Étretat, elle déploie forêts, bocages et prairies piquées de pommiers. Châteaux forts, manoirs, colombiers, abbayes, cathédrales et églises, friches industrielles réhabilitées et cités aux riches passés racontent l'histoire de cette région qui suscita des appétits et des envies. Les Romains, les Vikings, Guillaume le Conquérant, Jeanne d'Arc, le débarquement des Alliés… Partout des monuments racontent. Rouen, la capitale, en est un magnifique exemple. D'elle, Guy de Maupassant, écrivain normand s'il en est, disait : « Vaste ville aux toits bleus, sous le peuple pointu des clochers gothiques (…) dominés par la flèche de fonte de la cathédrale… » Au XVIIe siècle, les ports, Dieppe et Le Havre en tête, développent un commerce florissant avec le monde entier, notamment avec la Louisiane et les Antilles. Il en résultera une opulence et quelques très beaux châteaux comme celui du Taillis, à Duclair, ou celui du Bailleul, à Angerville-Bailleul. Le chemin de fer qui arrive à Rouen en 1843 et au Havre en 1847 développe les villes et les villages autour des gares, met en route la révolution industrielle et entraîne l'émergence du tourisme balnéaire. À deux cents kilomètres de Paris, le littoral du pays de Caux, d'où beaucoup de marins sont partis pour la pêche à la morue, s'agrémente de stations. Au pied des hautes falaises crayeuses dont le pied plonge dans la Manche, les plages de galets d'Étretat, Fécamp, Saint-Valéry-en-Caux, Dieppe, Le Tréport sont devenues une destination prisée. On y apprécie la gastronomie normande dans laquelle se retrouvent les bons produits des terroirs, et ceux non moins fameux de la mer.

Page de gauche
Inlassablement creusée par la mer, la falaise d'Étretat, sur la côte d'Albâtre.

La Maison Henri IV à Saint-Valéry-en-Caux, construite en 1540.
En Haute-Normandie, la pomme décline ses innombrables variétés.
Chalutier quittant le port du Havre pour pêcher les poissons de fond comme le merlan, le cabillaud ou le lieu noir.

LE BEC-HELLOUIN

Entre Rouen et Lisieux, dans l'Eure, le Bec-Hellouin résiste au temps. Entouré de bocages et de prairies, dans une vallée calme et paisible, c'est un charmant village aux rues étroites, mais calmes et ombragées, aux maisons à colombages et aux balcons fleuris. Il doit la première moitié de son nom au « bec » qui, en vieux normand, désigne un ruisseau, et la deuxième au bienheureux Herluin qui a fondé sa somptueuse abbaye en 1034.

Devenue très vite un haut lieu de spiritualité, à partir de 1045, le siège d'une école ouverte aux oblats et aux fils de la noblesse – qu'ils se destinent ou non à la vie ecclésiastique –, vénérée par Guillaume le Conquérant, elle a connu des fortunes diverses pendant la guerre de Cent Ans et les guerres de religion, ce qui n'a pas altéré la détermination des moines qui l'animaient. La preuve en est apportée par la tour Saint-Nicolas qui garde son entrée et sécurise les Bexiens. Construite au xve siècle, signe d'un retour à la prospérité, elle affiche d'imposantes dimensions. Chaque face de sa base carrée mesure onze mètres et sa hauteur culmine aujourd'hui à quarante-cinq mètres. Elle en atteignait soixante jusqu'en 1810, date à laquelle sa flèche fut détruite par un incendie.

Christian Falce, dont la famille habite au Bec depuis trois siècles, adore son village d'un peu plus de quatre cents âmes. Il préside une association qui organise, une fois l'an, un marché aux plantes, une brocante et un marché d'art gourmand (artisanal et terroir). À chaque manifestation, tout le monde s'y met. Voisins et amis sont mobilisés à la buvette. Chacun met la main à la pâte dans une ambiance conviviale. L'adjoint au maire joue les crêpiers. Ses crêpes sont magnifiques. « Les Bretons n'ont qu'à bien se tenir », dit-il en riant, heureux de révéler un si beau dynamisme local.

Mais, surtout, il se plaît à raconter l'histoire de ce bourg où il vit. À l'origine, ces maisons à pans de bois ont été construites pour loger les ouvriers chargés de bâtir l'abbaye. Convié par le père abbé Dom Paul-Emmanuel Clénet – un privilège, car l'escalier est interdit au public – il gravit les deux cents marches de la tour Saint-Nicolas, ainsi nommée parce qu'elle arbore sur sa façade, parmi sept autres, la statue de ce saint. Tout en haut de ce dernier vestige de l'église abbatiale, qui n'a pas survécu à la Révolution, il découvre les cinq cloches installées il y a un peu plus de deux ans. Un retour qui lui fait chaud au cœur, « c'est peu de le dire ».

Depuis le classement intégral du site et sa restitution aux moines bénédictins en 1948, l'abbaye s'est relevée de ses ruines et va de l'avant. Composée aujourd'hui de la salle capitulaire, du cloître du XVIIe siècle, l'église actuelle ayant pris la place de l'ancien réfectoire, elle abrite une vie monastique dans laquelle travail manuel et intellectuel effectués en silence alternent avec la prière.

Page de gauche
Un alignement de maisons à colombages typiques du village.

Blason fleurdelisé en silex dans la tour Saint-Nicolas.

Après la Révolution, l'église paroissiale Saint-André s'enrichit de nombreuses statues venant de l'abbaye et que l'on peut y admirer aujourd'hui.

« Un village typiquement normand, avec ses maisons à pans de bois et ses rues calmes et fleuries. Un havre de paix qui abrite une communauté de moines bénédictins au sein de l'abbaye, dont la production artisanale de céramiques fait la renommée. »

La communauté actuelle compte quinze moines bénédictins. Ils ont développé un atelier de faïences vendues sur place ou en ligne. Ils ont reconstitué une bibliothèque qui comprend à l'heure actuelle 90 000 volumes, dont 5 000 sur l'anglicanisme, provenant d'un dépôt de l'archevêque de Cantorbéry avec qui, depuis sa fondation et le Moyen Âge, Le Bec entretient des relations suivies. Tous ces ouvrages sont consultables sur place à partir d'un catalogue informatisé et constamment enrichi de notices, dans une salle de lecture installée dans l'ancien cellier. Elle peut accueillir vingt-quatre chercheurs.

Conformément à la tradition bénédictine, l'abbaye possède une hôtellerie qui permet à ceux qui le souhaitent, seuls ou en groupes, de faire retraite quelques jours et d'accueillir plus longuement des jeunes qui voudraient partager la vie de la communauté.

Tout visiteur peut aussi s'arrêter à l'hôtel ou dans les restaurants, sur les places du village qui bordent la rue principale du Bec-Hellouin. C'est la rue Saint-Anselme, du nom du second abbé, successeur d'Herluin au XIe siècle. Très érudit, il fit venir au Bec des élèves « de France, de Gascogne, de Bretagne, de Flandres, d'Allemagne et de Rome même ». Avec ses maisons à pans de bois, elle est très pittoresque. Il peut aussi chercher un gîte. Près du Bec, un vieux moulin attend votre visite.

Avec sa porterie médiévale d'origine, le logis abbatial fut édifié dans son état actuel entre 1732 et 1735. L'abbaye comprend une salle capitulaire et un cloître.

Dans l'atelier des faïences, principalement axé sur les arts de la table, un des quinze moines peint un plat qui sera vendu sur place ou en ligne. Travail minutieux qu'il effectue en silence, selon la règle.

Page de droite
De style gothique flamboyant, la tour Saint-Nicolas dresse ses 45 mètres de hauteur au pied du ruisseau, le bec, qui a donné son nom au lieu.

Chaumière avec une rangée d'iris entretenue à son sommet pour maintenir l'humidité et la pointe du chaume.

Départ pour la pêche. Le bateau est tiré par un tracteur sur la plage.

Page de droite
À l'aube, nuée de goélands pratiquant la pêche à leur manière et pour leur compte.

VEULES-LES-ROSES

Du bon air, Veules-les-Roses en a à revendre. À une heure de Rouen, sur la côte d'Albâtre, il en offre un bol de bon cœur et sans se faire prier. Ce ravissant village, l'un des plus anciens du pays de Caux, est un privilégié : il allie le charme de la campagne à celui de la mer. La brique, le silex, les colombages donnent une parfaite harmonie à ses maisons rassemblées devant une longue plage de sable fin à marée basse, de galets à marée haute. Il s'est agglutiné autour de la Veules, le plus petit fleuve de France (1 190 mètres), qui lui a donné son nom, a fait marcher ses moulins à blé et fourni l'eau avec laquelle ces habitants lavaient de la laine.

Niché depuis le IVe siècle au creux de sa vallée débouchant sur la mer, il fut longtemps un port de pêche. Avec leurs doris, les Veulais allaient tendre au large leurs trémails, leurs casiers et leurs cordes. À marée basse, ils pêchaient la crevette et les équilles. Au XVIIIe siècle, ils se firent tisserands de toiles de coton pour Rouen.

Depuis le milieu du XIXe siècle, Veules-les-Roses s'est reconverti en station balnéaire très fréquentée. Anaïs Aubert, actrice de la Comédie-Française, serait à l'origine de cette transformation. Sous le coup d'une déception amoureuse, elle aurait découvert par hasard ce havre de paix et entraîné là un autre acteur très célèbre à l'époque, Étienne Mélingue. La carrière balnéaire de Veules-les-Roses était lancée. Combien de célébrités et d'anonymes sont venus et viennent écouter chanter l'eau dans les roues des moulins, choisir les produits de la mer au retour des pêcheurs, profiter de la plage et du panorama du haut des falaises ? José-Maria de Heredia, Alexandre Dumas fils, Alexandre Millerand, Paul Meurice et les frères Goncourt, Suzanne Lenglen, la championne de tennis… et Victor Hugo. Il demeurait dans un pavillon adossé à la villa que son ami Paul Meurice avait fait construire face à la mer. Le 24 septembre 1882, il offrit un banquet aux cent gamins les plus pauvres de Veules. La fête se déroula par un beau dimanche ensoleillé, et un feu d'artifice fut tiré le soir sur la falaise.

Des peintres, les Russes Répine, Polenov et Bogoliubov ont été attirés par la lumière des cieux normands. Prisé par les artistes d'hier, Veules l'est aussi par ceux d'aujourd'hui. Michel Robakowski a succombé au charme du petit bourg. Il y a posé ses valises et le connaît comme sa poche : « Bienvenue aux Champs-Élysées », dit-il en riant sur la place où se tient le marché hebdomadaire. « Parce qu'à Veules, on a aussi les Champs-Élysées. Bien avant le XIXe siècle, il y avait ici des champs et ces champs appartenaient à monsieur Élysée, d'où les Champs-Élysées ». En parfait connaisseur des lieux, il propose le tour du propriétaire. « Ici, nous sommes à l'abreuvoir qui est un ancien gué, juste devant une chaumière typique dont le sommet est végétalisé pour maintenir l'humidité et la pointe du chaume », explique-t-il. Le passé revient, inscrit dans l'architecture, de la chaumière à la riche villa balnéaire du début du XXe siècle, en passant par les maisons des pêcheurs soigneusement entretenues avec, partout, grands ou petits, des jardins débordant de fleurs, essentiellement des roses, d'où le nom actuel.

Nous rencontrons Patrick, qui cultive du cresson dans les eaux vives et froides de la Veules favorisant sa culture. Les cressonnières sont apparues dans la commune au XVe siècle et s'y sont maintenues jusqu'à aujourd'hui. Le cresson y est cultivé et cueilli suivant un savoir-faire ancestral. Chaque bouquet de cette salade bien fraîche, craquante sous la dent, excellente en potage, doit peser 350 grammes. Les huîtres plates de Veules, les seules de Seine-Maritime, un autre fleuron de la cuisine locale, avaient disparu. Élevées en pleine mer à huit cents mètres de la côte, les « Veulaises » sont de retour et les gourmets en redemandent. « Tout ici est formidable », s'écrie Michel du haut de la falaise, « le ciel, la mer, le mariage des deux, la verdure, le ciel avec l'eau ».

« Un charme fou. Une petite station balnéaire entre mer et campagne, une invitation à la flânerie le long de son cours d'eau, de ses moulins, de ses cressonnières, sans oublier la vue superbe sur les falaises de la côte d'Albâtre... »

Page de gauche
Roue d'un moulin à eau sur la Veules, le plus petit fleuve de France avec ses 1 190 mètres de long.

Dans sa maison de brique à trois fenêtres fleuries, l'indispensable épicerie de la place.

Ci-dessus
Le village s'est agglutiné autour de la Veules, dans laquelle on lavait jadis la laine et dont l'eau vive et froide favorise la culture du cresson.

Île-de-France

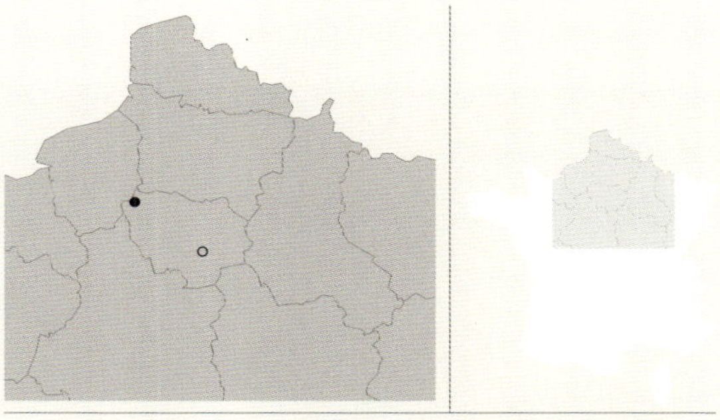

● La Roche-Guyon ○ Maincy

N'est-il pas étrange d'avoir baptisé « île de France » une région que ne borde aucune mer ? Certains disent que ce nom lui vient de ce qu'elle est une langue de terre délimitée par la Marne, l'Oise et la Seine, d'autres y voient une altération de *liddle Franke*, en langue franque « Petite France ». Seul Clovis pourrait trancher, mais il est mort depuis longtemps. Quoi qu'il en soit, au début de l'ère secondaire, le Bassin parisien était un golfe entouré par les massifs des Ardennes, des Vosges, du Morvan et de la Bretagne. Puis la mer s'en retira, laissant les sédiments qui forment son sol. Ses trois principaux fleuves et quelques autres de moindre importance s'installèrent. Ainsi formés, les environs de Paris affichent un harmonieux équilibre entre de grands plateaux fertiles (Beauce, Brie, plaine de France et du Valois), de larges vallées verdoyantes et des buttes isolées d'où descendent des forêts. Concentrant les pouvoirs politiques, administratifs et économiques du pays, l'Île-de-France s'impose comme le creuset historique et patrimonial de la France. Depuis la nuit des temps, elle est un carrefour où l'on passe, où l'on s'arrête, où l'on vit, où l'on commerce, où l'on apprend, où l'on fait du sport et la fête. Paris, ses monuments, ses musées, ses jardins et ses spectacles a tendance à occulter ses voisins qui n'en possèdent pas moins de sérieux atouts : Versailles, Fontainebleau, Chantilly, Vaux-le-Vicomte rivalisent de magnificence. Saint-Denis retient l'attention des Français avec sa basilique des rois et son stade. La vallée de Chevreuse conserve le souvenir des impressionnistes et se fait douce aux étudiants de haut niveau. De ses terrasses, Saint-Germain-en-Laye, son château, ses musées et son jardin contemplent la Seine. Aux portes de la capitale, et dans toute l'Île-de-France, des bois attendent les amoureux de la nature.

Page de gauche
Paris, cœur de l'Île-de-France, à travers l'horloge de l'ancienne gare du musée d'Orsay.

En automne, la forêt de Fontainebleau, à la faune et à la flore très riches, devient rousse. Blés prêts à être moissonnés dans la Brie. Fronton de la cour de marbre du palais de Versailles, résidence officielle des rois de France de Louis XIV à la Révolution.

LA ROCHE-GUYON

À une heure de Paris, entre Vétheuil et Giverny, La Roche-Guyon s'est établi au creux d'un méandre de la Seine, sur sa rive droite. Il s'est blotti au pied de la paroi abrupte et protectrice terminant le plateau qui le surplombe. C'est en empruntant la route des crêtes que l'on jouit de la meilleure vue sur ce bourg de 450 habitants. Au cœur du Parc naturel régional du Vexin français, dont il est membre fondateur, il est le seul village de l'Île-de-France à détenir le label « Plus Beaux Villages de France ».

Plus de mille ans d'histoire contemplent la vallée de la Seine depuis le donjon de son château qui l'a rendu célèbre. Celui-ci étage son imposante silhouette du sommet de la colline aux rives du fleuve. Adossée depuis le Moyen Âge à sa falaise de craie, cette ancienne forteresse s'est métamorphosée au fil des siècles, mêlant avec élégance les styles architecturaux. Du donjon médiéval aux écuries du XVIIIe siècle, de son grand escalier et de sa cour d'honneur au potager expérimental des Lumières sur cinq hectares, ouvert au public depuis 2004 et garanti sans pesticide, des salons d'apparat – dont certains ont retrouvé leurs tapisseries – aux casemates aménagées par Rommel, il a accompli un étrange et envoûtant voyage dans le temps. François de La Rochefoucauld, l'écrivain qui en fut le propriétaire – sa famille possède encore le château –, y rédigea une partie de ses *Maximes* ; Victor Hugo et Lamartine y séjournèrent.

Dans un méandre de la Seine, au pied d'une pittoresque falaise crayeuse, La Roche-Guyon aligne ses belles maisons à colombages autour de son château, prolongé par un potager à la française.

Page de droite
Surplombant fièrement la vallée de la Seine, le donjon – réputé imprenable – fut construit après le traité de Saint-Clair-sur-Epte en 911 pour surveiller la frontière entre le territoire du roi de France et celui du duc de Normandie.

“Il faut le découvrir depuis la route des Crêtes qui surplombe le bourg. De là, vous avez un point de vue magnifique sur le donjon fortifié, le château et les berges de la Seine.”

Un mystérieux escalier souterrain, étroit boyau creusé dans la roche, relie en 250 marches le château au donjon, d'où l'on a un magnifique point de vue.

Martial Codina-Deslin, qui en est le guide permanent, explique : « Le donjon date du Xᵉ siècle. Il fut construit après le traité de Saint-Clair-sur-Epte en 911, qui délimitait la zone que le roi de France accordait au duc de Normandie. Il surveillait la frontière et était réputé imprenable. Le reste du château, dont la cour s'anime lors des fréquentes manifestations qui s'y tiennent – une fête des plantes en particulier –, fut édifié entre les XIIIᵉ et XVIIIᵉ siècles. À gauche subsistent les anciennes écuries qui rappellent celles de Chantilly avec un grand fronton sculpté d'un cheval cabré. » Puis il invite à s'engager dans un étroit boyau, taillé à même la roche, qui lance ses deux cent cinquante marches à l'assaut de l'impressionnant donjon. « Ça monte, c'est dur. La vue qu'on a de là-haut se mérite, mais vaut l'ascension », dit-il en soufflant. Cent dix mètres plus haut, les richesses naturelles du Vexin, ses prés et ses champs de céréales, le village en contrebas se découvrent.

Devant la Seine qui va lentement, La Roche-Guyon aligne ses belles maisons à colombages comme si elle allait les passer en revue. Au bout de ses rues pavées se devinent de nombreuses cavités creusées dans la falaise. Ce sont les anciennes « boves », à la fois étables et salpêtrières, utilisées et exploitées jusqu'à la fin du XIXᵉ siècle. Ces cavités peu sensibles aux écarts de température sont, aujourd'hui, le plus souvent reconverties en habitations troglodytes. Sur la place, l'ancienne halle seigneuriale, autrefois posée sur une trentaine de piliers en pierre, abrite aujourd'hui la mairie et le marché. La fontaine, décorée par le sculpteur Jamay et dessinée par Villars fut inaugurée en 1742 par Alexandre de La Rochefoucauld pour alimenter le château en eau. L'église du XVᵉ siècle, en majeure partie construite pendant l'occupation anglaise de la guerre de Cent Ans, est consacrée à saint Samson. On y trouve en particulier une statue en marbre de François de Silly, propriétaire du château au XVIIIᵉ siècle.

Jadis, La Roche-Guyon était un port qu'alimentaient les carrières de pierre et les laminoirs de Bray-et-Lû. Le chemin de fer a tué cette activité. La vigne couvrait les coteaux qui sont maintenant devenus des friches. La dernière récolte de raisins a eu lieu en 1950. Un peu éloignée des grands axes de communication, ne disposant pas de ligne de chemin de fer, le bourg s'est un peu endormi en conservant le charme si particulier qui est le sien. Edgar P. Jacobs, le père de Blake et Mortimer, y a situé l'action d'une de ses bandes dessinées : *Le Piège diabolique*.

OLIVIA DESTAILLEURS, potière, a installé son atelier dans une bove.
C'est d'abord son arrière grand-père qui a élu domicile à La-Roche-Guyon, pour se rapprocher de son ami Monet. Toute la famille, ou presque, l'a suivi et a maintenant une maison dans le village. La rue d'Olivia est d'ailleurs surnommée « la côte des Destailleurs ». Olivia Destailleurs fait visiter son atelier dès l'arrivée des beaux jours et donne des cours aux habitants de la région, de 7 à 77 ans. Son atelier est devenu un véritable lieu de vie du village.

Page de gauche
Le château des La Rochefoucauld fut édifié entre les XIIe et XVIIIe siècles. La cour bordée à gauche par les anciennes écuries s'anime souvent pour des manifestations, en particulier pour une grande fête annuelle des plantes.

Dans le village, la Charrière des Bois est une charmante rue en pente, à l'origine juste assez large pour permettre à une charrette de passer.

Les écuries du château ont été dessinées au XVIIIe siècle par l'architecte Louis Devillars ; ici, le détail de la porte.

Le village rassemblé autour de l'église Saint-Samson, au clocher carré (vue aérienne prise depuis le donjon).

L'histoire de Maincy se confond avec celle du château de Vaux-le-Vicomte, qu'elle accueille sur son territoire.

MAINCY

L'histoire de Maincy se confond avec celle du somptueux château de Vaux-le-Vicomte, que cette commune accueille sur son territoire. Voisin de Melun, à portée de RER depuis Paris, le village demeure champêtre. Au milieu des champs de colza ou de blés, de betteraves ou de cultures maraîchères, il respire une atmosphère tranquille qui a toujours attiré des familles avec enfants. Ce village a dépassé les 1700 habitants.

À l'époque gallo-romaine s'y trouvait la riche villa d'un certain Maincius dont le nom s'est transformé en Maincy. Des pavements, des mosaïques, des conduites de chauffage et des poteries romaines ont été découvertes autour de l'église et près de la source qui alimentait la communauté villageoise. C'est sur l'emplacement de cette villa que s'implantera plus tard la ferme seigneuriale. Jusqu'au XVIIe siècle, Maincy change peu. Il s'arrondit autour de son église renforcée d'une tour au XIIe siècle. À partir de cette même époque, on y extrait de la pierre et on y fabrique de la chaux. Tout change avec l'arrivée de Nicolas Fouquet. En 1656, il décide d'y faire construire un grand château de plaisance orné d'un vaste parc d'agrément. Trois ans plus tard, le château est habitable. Parallèlement, Le Nôtre réalise les aménagements extérieurs. Le 17 août 1661, la fête de Vaux met un terme à cette agitation.

De cette époque, Maincy a conservé un habitat organisé autour de courées regroupant les ouvriers et les employés du château, regroupés par familles et par corps de métier. « Depuis cette époque, le château et le village ont été liés. Avant, tous les habitants pouvaient entrer dans le domaine, aller chercher du bois, du muguet.

La façade sud du château s'ouvre sur les jardins dont les statues et les allées bien ordonnées organisent un jardin à la française.

Lorsque Fouquet acheta le domaine de Vaux-le-Vicomte, il fit agrandir l'église Saint-Étienne, de Maincy, construite sous Philippe Auguste, en intégrant une tour de défense surélevée en cloche. Il en confia le soin à son architecte Louis Le Vau.

« Si ce village rural est connu pour abriter sur son territoire le château de Vaux-le-Vicomte, il mérite que l'on s'y attarde. Profitez de l'atmosphère tranquille qui s'en dégage et qui a inspiré le peintre Cézanne. »

Ils faisaient partie de l'histoire du château, soit en tant que voisins, soit en y travaillant au potager ou dans le parc comme bûcheron », disent Alexandre De Vogüé, propriétaire du domaine, et André, 82 ans, le galop toujours fringant, pour qui quitter son village est inimaginable. De nombreuses fermes aujourd'hui restaurées et transformées en maisons d'habitation témoignent d'un long passé agricole. « J'ai connu des troupeaux de vaches qui buvaient ici, à l'abreuvoir de la place, avant de rentrer à l'étable, dit André en attrapant une herbe. Voilà du cresson de Maincy. On venait pour dix sous chercher à midi sa botte de cresson frais que l'on cueillait devant vous », ajoute-t-il.

L'église Saint-Étienne a été transformée par Louis Le Vau, l'architecte du château, en compensation de la démolition de l'ancienne église de Saint-Laurent-de-Vaux. La façade occidentale et son majestueux portail d'entrée, le porche couvert auquel on accède par un perron datent de cette période. La maison des Carmes du XVe siècle, que l'on peut voir au bas de la rue du Pavé-de-l'Église, fut achetée aux religieuses par le surintendant en 1658 et restaurée pour l'implantation d'une manufacture de tapisserie dirigée par le peintre Charles Le Brun. Sur ordre de Louis XIV, dix ans plus tard, celle-ci fut transférée à Paris où elle devint la manufacture des Gobelins. À cela, il faut ajouter une maison de charité du XVIIe siècle, fondée par saint Vincent de Paul afin d'accueillir les pauvres et les vagabonds ; un pressoir, un ancien moulin à eau et, sur la place principale, un long lavoir rectangulaire du XIXe siècle, où les lavandières officiaient en lavant le plus souvent le linge du château.

Le pont de Trois-Moulins enjambe l'Ancœur, petit ruisseau joyeux. Ce pont a été immortalisé par Cézanne. Mme Cofinet, une Maincéenne passionnée de peinture, termine la reproduction du célèbre *Pont de Maincy*, exposé au musée d'Orsay. Le lieu est tellement inchangé qu'il est absolument évident que Cézanne s'est tenu là où nous avons pied. « C'est un endroit à préserver, de toute évidence », dit-elle. Avec ses cours et ses jardins, ses petites maisons coiffées de tuiles, son ru qui longe une des ruelles les plus charmantes du bourg, Maincy veut rester lui-même avec près de lui son beau château, fleuron du classicisme français que l'on vient voir du monde entier. Des ardoises de la coupole ont été remplacées récemment. Des visiteurs célèbres se sont amusés à en dédicacer quelques-unes : « Thierry Henry, Éva Longoria et Tony Parker, qui se sont mariés ici, Bill Clinton… J'espère qu'il a encore au-dessus de sa cheminée cette ardoise du XIXe », dit en riant Alexandre, plus fier que jamais de son village.

Page de gauche
Le jardin de Vaux-le-Vicomte est une perfection de parterres de broderies, statues, bassins, grottes et perspectives.

Le pont de Trois-Moulins enjambe un joyeux petit ruisseau, l'Almont. Il a été immortalisé par Cézanne dans un tableau titré *Le Pont de Maincy*.

Jusqu'à la généralisation de la machine à laver, les lavandières de Maincy allaient battre et rincer le linge à ce long lavoir construit en 1853.

Languedoc-Roussillon

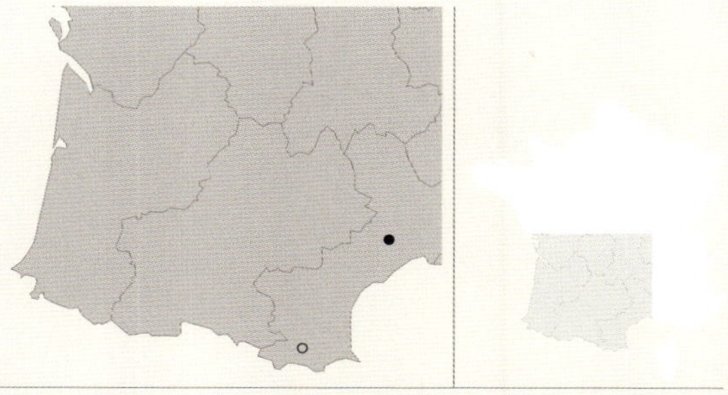

● Saint-Guilhem-le-Désert ○ Villefranche-de-Conflent

Cette région hâlée par le soleil, où les vignes conservent le goût de la colère, et les montagnes un parfum d'hérésie, est un rêve que les grandes migrations estivales permettent d'atteindre. Entre Rhône et Pyrénées, du seuil du Lauragais aux Cévennes, elle descend vers la mer tel un amphithéâtre, en parlant des plaines et des vallées qui la constituent. C'est, autour du golfe du Lion, un rivage qui regarde la Méditerranée et s'en inspire. Le Languedoc-Roussillon, cinq départements, forme un ensemble naturel soudé, siècle après siècle, par l'histoire. Carcassonne, Narbonne et Béziers savent faire front commun et, lorsqu'il le faut, regarder vers Toulouse. Perpignan et la Catalogne campent sur le versant français des Pyrénées sans négliger l'Espagne qui les a fortement marqués. Nîmes diffuse déjà les senteurs provençales. Mende, la plus petite préfecture de France, vraie ville à la campagne, coupée en deux par le Lot, se blottit contre le Causse, aux portes du Massif central. Montpellier la dynamique, l'universitaire qui ne cesse d'attirer des populations nouvelles, assume avec panache son rôle de capitale régionale. D'où un singulier mélange de boulistes et de cassoulet, de corridas et d'églises romanes, lié par deux langues sœurs, l'occitan et le catalan. Dans le Languedoc, qui fut province romaine avant de revendiquer son indépendance auprès des princes de Tolède, qui fut associé à la création et à la diffusion de l'art roman, qui connut le catharisme, le protestantisme et les dragonnades, chaque pierre se souvient et peut raconter. Avec son implacable franchise, le soleil y découpe les paysages sur un ciel d'azur, villages perchés, châteaux abandonnés sur des crêtes arides, églises assoupies au cœur des garrigues. Il réchauffe la mer quand les arbres ombragent les lacs et les rivières.

Page de gauche
Restaurée au XIXᵉ siècle par Viollet-le-Duc, la cité de Carcassonne, inscrite au patrimoine mondial de l'Unesco, témoigne de mille ans d'architecture militaire.

Ferrures ornant la porte de l'église Sainte-Marie de Mercadal, du XIIᵉ siècle, dans le petit village médiéval fortifié de Castelnou (Pyrénées-Orientales). Collioure et sa belle lumière ont attiré Matisse, Derain, Picasso, Dali… À Portel-des-Corbières (Aude), posées au milieu des vignes, les ruines imposantes et romantiques de Notre-Dame des Oubiels.

SAINT-GUILHEM-LE-DÉSERT

Aux confins du Massif central, dans les gorges de l'Hérault, à trente-cinq kilomètres de Montpellier, depuis plus de dix siècles, Saint-Guilhem-le-Désert est niché au cœur d'un paysage de garrigues, de gorges et de grottes. Allongé dans le val de Gellone, ce village typiquement méridional épouse un affluent de l'Hérault, le Verdus. Intact et préservé, il a gardé ses ruelles étroites, ses maisons de pierre coiffées de tuiles et serrées autour d'une abbaye protectrice.

Dans son écrin de rocailles, dominé par le château du Géant, imposante sentinelle aux portes du « Désert », cette cité médiévale s'impose d'emblée comme l'un des plus beaux villages de France. Pour l'atteindre, comme autrefois les pèlerins, il faut franchir le pont du Diable, l'un des plus vieux ponts romans de France, classé au patrimoine mondial par l'Unesco. Du haut de son parapet, quinze mètres au-dessus de l'Hérault qu'il enjambe, vous découvrirez l'entrée du « désert ».

Saint-Guilhem-le-Désert doit son nom à Guillaume (Guilhem en langue occitane), comte de Toulouse et duc d'Aquitaine. Ce cousin de Charlemagne, chef de guerre redouté, a souhaité en 804 entrer dans les ordres et fonder une abbaye dans un lieu à l'écart de toute présence humaine, ce que l'on nommait à l'époque « le désert ». Il retint le val de Gellone, dans la moyenne vallée de l'Hérault, au nord de l'actuel département du même nom. À la mort de son fondateur, en 812, l'abbaye devient celle de Guilhem, puis après la canonisation, en 1066, celle de Saint-Guilhem. Dès le Moyen Âge, un morceau de la Vraie Croix, cadeau de Charlemagne, attire les croyants en route pour Saint-Jacques de Compostelle et l'abbaye devient une étape incontournable sur ce chemin. À cette exceptionnelle relique, d'autres, des fragments de linges ayant appartenu à la Vierge et des restes de saint Guilhem. L'église abbatiale, devenue église paroissiale, possède l'orgue français le mieux conservé de l'excellent facteur d'orgues du XVIIIe siècle, Jean-Pierre Cavaillé. Sa musique accompagne encore la messe du dimanche et, en été, de nombreux concerts.

Allongé dans le val de Gellone, dans son écrin de rocaille, typiquement méridional avec ses ruelles étroites bordées de maisons de pierre abondamment fleuries, Saint-Guilhem s'impose comme l'un des plus beaux villages de France.

Devant la combe de Gellone, on ne peut que s'extasier. En amont du village, le val est enclavé entre les parois vertigineuses du cirque de l'Infernet. Au pied des falaises abruptes, des éboulis se sont amassés pour former des pentes gigantesques.

L'orgue de l'abbaye fut construit en 1789 par Jean-Pierre Cavaillé, membre d'une importante dynastie de facteurs d'orgues.

“Un lieu serein dû à la présence de l’abbaye de Gellone, située en son centre. De là, on déambule à travers les ruelles médiévales qui mènent sur la place de la Liberté. Vous y goûterez un peu de fraîcheur à l’ombre du platane centenaire.”

NICHOLAS JENNINGS,
jeune parfumeur d’origine anglaise, a installé son atelier de parfums bio à Saint-Guilhem-le-Désert.
Vous pourrez lui demander de vous fabriquer votre propre parfum « sur mesure » avec son orgue de parfumeur. Dans son atelier en pierre, il n’utilise que des produits naturels, et surtout les plantes de la région.

Fort de 250 habitants, ce village est resté une grande famille dont on peut toujours croiser l'un des membres, sur la place ombragée par un imposant platane vieux de plus de 150 ans. Avec gentillesse et l'accent du Languedoc, il vous indiquera les nombreuses et très accessibles promenades à faire dans les environs. Se rendre en suivant le ruisseau au cirque du Bout du monde ou à la grotte de Clamouse ne demande guère plus d'une heure. Mais avant de vous décider, votre interlocuteur vous invitera à consulter le chardon séché qu'arborent sur leurs portes beaucoup de maisons et qui sert de baromètre aux habitants. Si cette fleur, que l'on appelle cardabelle et qui provient du Larzac voisin est grande ouverte, il ne pleuvra pas. Si elle est fermée, cela présage du mauvais temps. Votre guide vous engagera alors à vous rendre au musée de l'Abbaye et à celui du village d'Antan : ils vous aideront à mieux comprendre et à vous imprégner de l'histoire du lieu et de son bâtisseur. À ne pas manquer, le film panoramique sur les voyages à New York du cloître, qui a beaucoup souffert de la Révolution.

Les gourmands se laisseront tenter par quelques oreillettes, succulents beignets dont la pâte est parfumée à la fleur d'oranger et dont la recette se transmet à Saint-Guilhem de mère en fille. Il ne faut pas repartir sans s'être attardé chez les potiers, qui, depuis quelques années, relancent l'art de la poterie vernissée, fleuron de l'activité artisanale régionale dont le centre principal est tout près, à Saint-Jean-de-Fos.

Page de gauche
Le village est regroupé autour de son abbaye dont on aperçoit le chevet de l'église Saint-Guilhem, chef-d'œuvre de l'art roman languedocien.

Hébergé dans l'ancien réfectoire des moines, le musée lapidaire de l'abbaye présente une belle collection de sculptures romanes et gothiques, constituées uniquement de pièces provenant de l'ancienne abbaye.

Chardon séché ou cardabelle qu'arborent sur leur porte beaucoup de maisons. Ils proviennent du Larzac voisin et servent de baromètre. S'il est ouvert, comme ici, il annonce le beau temps.

VILLEFRANCHE-DE-CONFLENT

Du haut de cette forteresse intacte, plus de dix siècles d'histoire nous contemplent : par sa position, Villefranche-de-Conflent s'est trouvée au cœur du conflit séculaire qui a opposé la France et l'Espagne pour la possession de la Cerdagne. À mi-chemin des deux royaumes, elle occupait un site stratégique. Aussi, la citadelle, construite en marbre rose extrait des carrières voisines, porte-t-elle dans ses pierres les marques du passage des hommes qui l'ont construite, de ceux qui l'ont conquise et de ceux qui y ont vécu. Vauban, « le vagabond du Roi-Soleil », comme disent les Catalans, y a laissé une empreinte plus forte.

Vers 1092, le comte de Cerdagne l'entoure d'une enceinte fortifiée et en fait un formidable verrou entre les deux pays. Nicole, professeur d'histoire à la retraite, explique : « Au XVIIᵉ siècle, Vauban, ingénieur militaire de grand talent au service de Louis XIV, qui venait de signer le traité des Pyrénées et de recevoir la Cerdagne, décide de consolider les fortifications en y ajoutant des bastions. Il ne fallait surtout pas qu'elles puissent servir aux Espagnols ou leur laissent l'envie de les reconquérir. Les remparts ont résisté à beaucoup de sièges et sont toujours entiers. Mais attention, ils sont un véritable labyrinthe. » Vauban, qui savait adapter les défenses d'un site à son identité géographique, fit construire le fort Liberia, de forme rectangulaire, que l'on atteint depuis le village par un escalier souterrain de 734 marches et la grotte casematée Cova Bastera à flanc de montagne, dominant la ville au nord. En 1669, il vint contrôler l'avancement des travaux qui se poursuivirent pendant tout le XVIIIᵉ siècle.

Belles ferrures en fer martelé sur la porte de l'église romane Saint-Jacques.

Page de droite
Enseigne de la boulangerie de Marylou, où l'on achète de succulentes « bougnettes ».

Le souterrain des « mille marches » en marbre rose du Conflent, reliant la ville au fort Liberia.
Au pied du pic du Canigou, Villefranche-de-Conflent, cité médiévale du XIᵉ siècle, fortifiée par Vauban sous Louis XIV.

« On ne peut qu'admirer cette cité médiévale, fortifiée par Vauban. À l'intérieur de ces fortifications s'est développée une activité artisanale et commerciale pittoresque qui rappelle son statut d'ancienne cité marchande. »

La vieille ville est toujours entourée de remparts. Ceux que l'on voit – à l'exception des tours médiévales et de la partie inférieure des murs – sont l'œuvre de Vauban, notamment les bastions d'angle, caractéristiques de son architecture militaire. L'espace s'organise autour de deux rues parallèles bordées de maisons qui remontent au Moyen Âge, bien que remaniées à différentes époques.

Page de droite
Le petit train jaune qui, depuis 1904, relie Villefranche à Latour-de-Carol, dessert vingt-deux gares et est une grande attraction régionale.

Cette cité médiévale, proche de Perpignan, est classée parmi les plus beaux villages de France. Elle est l'un des douze sites fortifiés par Vauban en France que l'Unesco a inscrit à son patrimoine mondial en 2008. Au pied du Canigou, Villefranche est chère au cœur du chanteur Cali, qui a passé son enfance près d'ici, à Vernet-les-bains, et vit dans la région.

Comme son fort, ce bourg de deux cent cinquante habitants au passé très mouvementé est admirablement conservé. À l'intérieur de son enceinte, l'espace s'organise autour de deux rues parallèles, la rue Saint-Jacques, au sud, et la rue Saint-Jean, au nord, toutes deux bordées d'échoppes et de cafés où se désaltérer après une marche ou une bonne grimpette. Presque toutes les maisons remontent au Moyen Âge, bien que remaniées à différentes époques. L'ancienne viguerie du XIIe siècle, aujourd'hui siège de l'hôtel de ville, occupe un angle de la place de l'église. L'église, datant de la fondation de Villefranche, est surmontée d'une tour-clocher du XIIIe siècle.

En choisissant de déambuler dans ces rues très actives, on prend le risque de se trouver nez à nez avec l'une ou l'autre des fameuses sorcières de Conflent. Les Villefranchois les accrochent aux portes des maisons pour chasser les mauvais esprits, et s'en offrent en signe d'amitié.

La boulangerie de Marylou est incontournable. On y achète de succulentes bougnettes, des beignets parfumés à la fleur d oranger et généreusement saupoudrés de sucre, toujours confectionnés manuellement suivant la recette ancestrale. « Avant, chaque maison en faisait de grosses quantités. On en donnait une partie aux voisines qui donnaient en retour une partie de leur production. Cela permettait à chacune de comparer le travail des autres et à toutes de s'améliorer. Il n'y avait dans ces échanges aucun mauvais esprit », raconte Marylou.

Après une dernière visite au fort, et, à trois cent mètres de là, une autre aux grottes des Grandes Canalettes, pourquoi ne pas quitter Villefranche, à regret, tant y est bien vivante la chaleureuse culture catalane, par le petit train jaune de Cerdagne. Depuis 1904, il relie Villefranche (427 mètres) à Latour-de-Carol (1 232 mètres), en passant par de magnifiques paysages montagnards. Cette ligne, conçue pour désenclaver la vallée de la Têt et qui dessert vingt-deux gares, est une prouesse. Sur soixante kilomètres, les ingénieurs ont conçu et fait réaliser six cent cinquante ouvrages d'art, dont dix-neuf tunnels!

Limousin

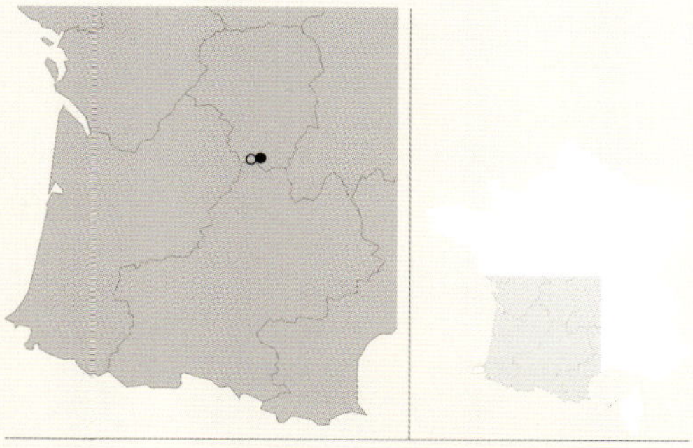

● Collonges-la-Rouge ○ Turenne

Entre l'Auvergne et l'Aquitaine, le Limousin cultive un art de vivre haut de gamme. Il est le pays de l'arbre et de l'eau, le royaume des pêcheurs, des amateurs de canoë, des randonneurs à cheval et des grands et petits marcheurs. C'est un cocktail de rivières, la Vienne, la Creuse, la Gartempe, la Corrèze ; la Charente qui y prend sa source et la Dordogne qui le traverse de grands lacs, ceux du Taurion, de la Vézère – Vassivière qui, sur une île, abrite un centre d'art contemporain – de montagnes, avec le plateau de Millevaches. Tout y est singulier comme ses villages parmi les plus pittoresques de France : Collonges-la-Rouge, Curemonte qui possède trois châteaux, et Turenne en Corrèze ; Aubusson, mondialement connu pour ses tapisseries, Bourganeuf, dans la Creuse et Châteauponsac en Haute-Vienne, bourgs médiévaux où le passé se raconte dans la pierre. Cathédrales en granit, collégiales et abbatiales telles Aubazine, très vaste, et Bénévent-L'Abbaye, chef-d'œuvre de l'art roman limousin, châteaux à Turenne, Pompadour et Rochechouart, témoignent d'époques où les puissants seigneurs locaux et l'église inscrivaient leur puissance dans le bâti. Limoges, capitale régionale, possède l'une des plus belles gares de France, inaugurée en 1929. Mais ce n'est pas à elle que la ville et sa région doivent une renommée mondiale. La porcelaine s'en est chargée depuis le XVIIIe siècle. Turgot, alors intendant du Limousin, ayant appris la découverte de kaolin à Saint-Yrieix-la-Perche, créa la manufacture royale de Limoges et y lança la fabrication de la porcelaine, qui s'est vite imposée comme l'un des fleurons mondiaux des arts de la table. Plusieurs entreprises poursuivent cette fabrication qui s'exporte sur tous les continents. Mais le Limousin serait-il le Limousin sans les innombrables vaches rousses qui peuplent ses prés ? Cette race symbolise à elle seule le bien vivre régional.

Page de gauche
Depuis le puy d'Yssandon, panorama sur le bassin de Brive et, dans le lointain, sur les collines du Périgord De la brume matinale émerge un délicieux paysage de prés, de landes et de bocages. Rien de spectaculaire, de la douceur seulement.

Les vaches de race limousine, à la belle robe fauve, sont élevées exclusivement à l'herbe et en plein air. Sobre ferme traditionnelle au hameau d'Orlianges, sur la commune de Bugeat, en Corrèze. Une barque attend ses rameurs.

COLLONGES-LA-ROUGE

À dix-neuf kilomètres de Brive-la-Gaillarde, au bout d'une petite route bordée de châtaigniers, surgit, soudain, figure de proue sur un éperon rocheux, la perle rouge du Limousin. Rouge flamboyant comme le grès dont sont habillés ses murs, la silhouette de Collonges-la-Rouge se découpe au-dessus des frondaisons vertes dans un ciel d'azur. Ses cinq cents habitants sont fous de leur merveille architecturale corrézienne et ne sont pas peu fiers de faire partager leur passion aux 680 000 visiteurs qui, chaque année, viennent jusqu'à elle. De tourelles en échauguettes, de castels en hôtels particuliers, au long de ses rues et ruelles fleuries fermées à la circulation, ils dévoilent l'histoire et les mystères de leur cité aux toits pointus d'ardoise. Il suffit de lever les yeux pour être transporté dans d'autres temps. Tours, poivrières et échauguettes vous amènent sans attendre à l'époque reculée où des moines fondèrent là un prieuré que les vicomtes de Turenne prirent sous leur protection. Autour des bâtiments conventuels protégés par une enceinte, paysans, artisans et commerçants s'agglutinèrent. Déjà prospère, la communauté accueillit des pèlerins en route pour Compostelle *via* Rocamadour. En 1308, le seigneur du moment accorda au bourg une charte de franchise et le droit de haute, moyenne et basse juridiction. Des lignées de procureurs, d'avocats et de notaires s'ensuivirent, qui toutes, se dotèrent de confortables demeures, d'où le qualificatif de « cité aux vingt-cinq tours » donné à Collonges-la-Rouge. À ces beaux logis, il faut ajouter l'église Saint-Pierre, avec son clocher roman à galbe fortifié lors de la guerre de Cent Ans, et son portail orné d'un tympan en pierre blanche, ce qui n'est pas le moins surprenant dans un ensemble pourpre. Un timbre postal d'une valeur de trois francs la représentant a été émis en 1982.

La porte d'entrée de l'église Saint-Pierre est surmontée d'un tympan du XIIe siècle. Sur le registre inférieur sont représentés onze apôtres. Il manque Judas.

Le heurtoir de cette porte est surmonté d'une coquille Saint-Jacques, preuve que Collonges était une étape sur le chemin de Compostelle.

Page de droite
Adossé aux collines boisées, au milieu des prés fleuris, le bourg impose le rouge sombre souligné de blanc de ses maisons, coiffées de lauzes bleutées.

Office de Tourisme

La Révolution ne fut pas tendre avec Collonges-la-Rouge, qui aurait pu tomber en désuétude sans l'affection que de tout temps lui ont portée ses habitants, conscients du trésor qu'ils ont sous les yeux. Cela explique qu'en 1982 ils aient fondé l'association des « Plus Beaux Villages de France » après celle des « Amis de Collonges » dont le siège se trouve dans la maison de la Sirène. On y entre par une porte gothique, à la droite de laquelle une sirène sculptée tient un peigne et un miroir. Cette maison du XVIe siècle fut la propriété d'Henry de Jouvenel, un des époux de Colette.

Un jour, il y a plus de quinze ans, Éric Peyronnaud a posé ses valises au village et y a monté la première et seule fabrique de couteaux de Corrèze. « Un bon couteau, trapu, solide, à l'image de la Corrèze. » Après des débuts difficiles, les couteaux d'Éric, personnalisés à la demande, sont devenus des incontournables. En visite dans ces lieux, Hillary Clinton s'en est vu offrir un signé Peyronnaud. Elle a envoyé une lettre de remerciements.

Aux confins du Limousin et du Périgord, Collonges-la-Rouge, qui possède huit restaurants, se révèle une étape gourmande. On peut y déguster de l'agneau limousin, des magrets de canard, du foie gras, une omelette aux cèpes, une tarte à la caillade à base de lait caillé ou encore un gâteau au chocolat et à la moutarde. De cette moutarde, un des établissements a fait sa spécialité. On peut en apprécier dix-huit sortes, la plus recherchée étant la moutarde violette, fabriquée à partir de moût de raisin. « Elle est extra », dit Ingrid, la moutardière en chef qui incorpore ce condiment dans tous les plats, même dans les desserts. « C'est excellent », confirment ses convives attablés sur la terrasse pour profiter d'une vue sublime. Alentour, ce ne sont que vignes et forêts. Dans l'une, tout près, le diable aurait sa chaise, un rocher creux en son centre. La légende veut que quiconque s'y assoira aura sa vie prolongée de cinquante ans !

“ Une couleur flamboyante qui enchante et donne un caractère unique à ce village médiéval de toute beauté. ”

Avec sa tour carrée et sa fine tourelle à poivrière, son portail protégé par un auvent, le castel de Maussac est un ancien logis seigneurial du début du XVIe siècle.

Pages précédentes
À l'ombre de sa glycine, la demeure des Ramade de la Serre, datant du XVIe siècle.

La halle aux Grains et aux Vins abrite toujours son four banal, encore utilisé lors de la fête annuelle du pain, le premier dimanche d'août.

Porte ancienne cloutée et cadenassée en attente de restauration.

Détail du cordon qui entoure le tympan de l'église Saint-Pierre : un montreur d'ours.

TURENNE

Issu d'une des plus vieilles familles de Turenne, Nicolas a grandi dans ce village corrézien au passé prestigieux. Pour la première fois, il le survole en ballon et reste bouche bée devant le spectacle qui s'offre à ses pieds. Fièrement campé sur un haut promontoire qui domine la vallée de la Tourmente, protégé par sa forteresse féodale, Turenne lui présente ses toits de lauze ou d'ardoise pentus et serrés autour d'un clocher.

Pour Patrick Sébastien, natif de Brive-la-Gaillarde, distante de quinze kilomètres, « Turenne symbolise à la fois toute la beauté, toute l'histoire et toute la dureté de ce département ». Maintenant voué au tourisme, ce village connut du XIe au XVIIe siècle un destin peu commun. Planté sur une butte témoin du causse corrézien, il doit son nom à sa position élevée. *Tonnerre*, qui a donné Turenne désigne « la hauteur » en langue d'oc médiévale. Il est connu dès le IXe siècle, époque où les Normands envahissaient régulièrement la France pour y commettre des razzias. Les moines de Saint-Martial de Limoges choisirent Turenne, « roche des mieux armées par la nature et par les hommes » pour y mettre à l'abri les reliques de leurs saints.

Turenne était la capitale d'une vicomté autonome où les seigneurs levaient l'impôt, battaient monnaie et réunissaient les états généraux. C'était un état dans l'État français qui se maintint jusqu'en 1738. Cette année-là, le 8 juin, pour payer ses dettes de jeu, Charles-Godefroy de La Tour d'Auvergne, duc de Bouillon, la vendit à Louis XV. Du jour au lendemain, les Turennois furent contraints de payer l'impôt royal et le souverain ordonna le démantèlement des fortifications. À la Révolution, Turenne n'était plus qu'une prévôté royale.

Fièrement campée au sommet de son promontoire, la forteresse médiévale et sa tour César dominent un paysage bocager et verdoyant.

Page de droite
Dans le château, la salle des Gardes renferme un mobilier Louis XIII et une collection de coffres à sel.

La tour et la porte de Mauriolles, par laquelle on entrait dans le village, sont les derniers vestiges de l'enceinte fortifiée médiévale.

> Un patrimoine d'une remarquable unité architecturale, un site noble, des habitants accueillants et de bons produits régionaux : le village idéal, en somme !

D'après Jean-Pierre, l'historien local, au temps de leur indépendance, les envieux des seigneuries voisines disaient « heureux comme un Turennois ou un Viscomtain » (les deux termes désignant un habitant de Turenne). D'un geste large, il désigne son environnement et invite à faire avec lui le tour du propriétaire. En grimpant jusqu'au château, le long de la rue Droite, la seule qui y mène, il montre des maisons du XVe siècle alignées comme à la parade. Un peu plus loin, l'hôtel Sclafer, du XVIIe siècle, avec galerie et terrasses à l'italienne. En contrebas du foirail, une maison à tour, celle de la famille Courèze, médecins du vicomte de père en fils, puis la maison Crozat, qui aurait été la dernière demeure des vicomtes, et d'autres plus humbles avec boutiques à étal de pierre au rez-de-chaussée, le tout d'une remarquable homogénéité. L'église Notre-Dame Saint-Pantaléon, au clocher octogonal surmonté d'un porche, a été édifiée au moment de la Contre-Réforme. Henri de La Tour,

lieutenant du futur Henri IV, avait transformé la vicomté en bastion du protestantisme. Henri IV converti au catholicisme, il fallut l'imiter, d'où la construction de l'église. Le petit-fils d'Henri de La Tour sera le grand Turenne, maréchal de France, l'un des deux meilleurs généraux de Louis XIV.

L'enceinte se révéla trop étroite pour loger tout le personnel que nécessitait une vicomté. Aussi s'agrandit-elle de hameaux, des *barris* en langue d'oc, dont celui de la Molynarie. Non loin de là, à trois kilomètres en contrebas et au pied du château, dans les caves des maisons de chevaliers, on trouve des tonnes de coquillages fossiles, des cimetières témoins de la période fort lointaine où la butte était entourée par la mer.

Yves Gary, le maire, a grandi au hameau de la Bouzonnie. Il est fier de son village, mais aussi de la convivialité qui y règne : « On joue à la pétanque sérieusement, on se chambre aussi quand une boule tombe à côté. Ça fait partie du jeu. La confiance n'exclut pas le contrôle », dit-il avant de parler de la truffe autour de laquelle le plaisir d'être ensemble s'exprime aussi. C'est au château de Coutinard que Patrick Sébastien se plaît à déguster ce champignon en omelette. « Moi, je me suis retrouvé là souvent autour de la table et, au-delà de la saveur des mets, il y a celle des gens qui sont chaleureux, qui sont à dimension humaine. » Pour un peu, tout le monde, à Turenne, applaudirait.

Page de gauche
Au début de la rue de l'Église, la maison des Chanoines, élégante demeure du XVIe siècle, à la porte d'entrée ornée d'une sculpture de style gothique, s'est transformée en restaurant de charme.

Rue en pente bordée de maisons aux harmonieux toits de lauze et d'ardoise serrées les unes contre les autres.

Ci-contre
Les maisons agrandies au XVIIe siècle cachent leurs intérieurs derrière d'épais murs de pierre blonde le long de l'étroite rue Droite. De la place de la Halle au pied de la première enceinte, elle est l'unique accès à la forteresse.

Le clocher octogonal de l'église collégiale Notre-Dame Saint-Pantaléon, de style roman très sobre, domine les toits et se dresse vers le ciel comme pour l'implorer.

Lorraine

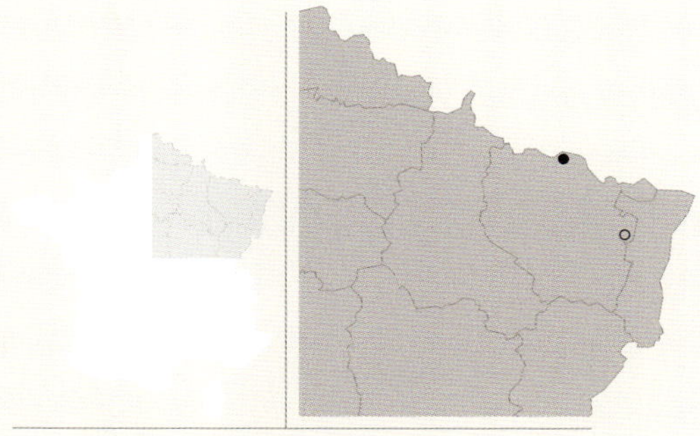

À une heure trente de Paris par le TGV-Est, la Lorraine, industrielle au nord, rurale et bucolique au sud, partage sa frontière avec la Belgique, le Luxembourg et l'Allemagne. Son territoire, large d'une centaine de kilomètres, s'insère entre les forêts de l'Argonne et le massif vosgien. Bien irriguée, riche en lacs dont celui de Gérardmer et en stations thermales, Contrexéville, Plombières, Vittel, elle est la première région forestière de France. Son relief y favorise une multitude d'activités et de loisirs, ski alpin ou nordique, ski de fond à La Bresse, le plus grand domaine skiable des Vosges, randonnées à pied, en VTT, à cheval sur les quelque 16 000 kilomètres de sentiers balisés, dont la Transvosgienne. L'histoire de la Lorraine, riche et particulière, ne se confond pas avec celle de la France. Sa position l'a placée au cœur des conflits et des arrangements entre états européens. Son patrimoine s'est construit au croisement des cultures et des échanges. Les guerres lui ont laissé des cicatrices, comme les forts de la ligne Maginot et le cimetière américain de Saint-Avold, mais aussi les châteaux de Malbrouck et de Lunéville. Face aux épreuves, ses villes ont acquis une forte personnalité : Nancy, avec sa célèbre place Stanislas et son patrimoine Art nouveau ; Metz qui affiche un festival de teintes jaune, ocre, mordoré, et un centre piéton d'où émergent une merveilleuse cathédrale et le centre Pompidou-Metz ; Bar-le-Duc, fier d'être le point de départ de la Voie sacrée menant à l'héroïque Verdun et aux souvenirs douloureux des Poilus, Épinal sage comme une image. Elle a également appris à marier l'art et l'utile avec l'école de Nancy, en travaillant l'émail et la faïence à Sarreguemines et Lunéville, et le cristal à Baccarat.

Page de gauche
Recouvert de neige en hiver, le massif vosgien est en toute saison le paradis des randonneurs et des amoureux de la nature.

La mirabelle, prune d'or de la Lorraine, est l'objet de nombreuses fêtes. Les célèbres et très populaires images d'Épinal étaient largement diffusées par les colporteurs au XIXe siècle. Ces soldats de plomb rappellent qu'à Verdun, se déroula en 1916 l'une des batailles les plus meurtrières de la Première Guerre mondiale.

RODEMACK

Au pays des trois frontières, à vingt kilomètres de l'Allemagne et six kilomètres du Luxembourg, Rodemack est perché au milieu de collines verdoyantes. Surnommé la « Petite Carcassonne lorraine », inscrit à l'inventaire des monuments historiques, le village est encore entouré de sept cents mètres de remparts datant du XVe siècle. On y pénètre par la porte fortifiée de Sierck, édifiée au XVIe siècle pour protéger des assaillants. C'est un village médiéval nimbé d'un parfum d'antan. Il n'y a que quatre commerces. On n'y vient pas pour faire du shopping, mais pour admirer un patrimoine exceptionnel. En bonne Lorraine, Geneviève de Fontenay se déclare volontiers « folle de Rodemack ». Elle n'est pas la seule. Philippe Lelong, un instituteur, s'y est installé il y a dix ans. Il est tombé amoureux du village et d'une villageoise. Il n'en est plus reparti.

Il y a trente ans, la « petite Carcassonne lorraine » était tombée bien bas, laissée à l'abandon. À ce propos, Jean-Marie Pelt, Lorrain fondateur de l'Institut européen d'écologie, écrivit : « À Rodemack, murs et forteresses étaient devenus, depuis des siècles, des carrières de pierres où l'on puisait généreusement pour construire. À Rodemack, on se frotta les yeux, on se réveilla. On s'avisa subitement de cette forteresse médiévale solidement

campée sur la faille hettangienne, de ses caves voûtées, de ses chemins de ronde, de ses oubliettes… On se souvint du mur d'enceinte quasi intact… Ils devinrent l'élément autour duquel s'organisa la nouvelle vie du village… Fêtes et traditions populaires revécurent, animant et colorant les rues. Les chantiers de restauration se multiplièrent, puis vint la consécration : le village fut accueilli au sein du club très sélect des Plus Beaux Villages de France. »

Page de gauche
Surnommé « la petite Carcassonne lorraine », le village est encore entouré de 700 mètres de remparts datant du XVe siècle. On y pénètre par la porte fortifiée de Sierck, construite par les habitants eux-mêmes.

Objet d'un chantier de restauration mené par l'Association des amis des vieilles pierres pour la sauvegarde de Rodemack, le vieux lavoir a retrouvé sa toiture et s'est orné de fleurs.

La ruelle de la Grimpette, comme toutes celles qui longent les remparts, a conservé son cachet d'autrefois et offre une belle et vivifiante promenade.

Tout est dit, et cela continue. Chacun met la main à la pâte. Une fois par mois, les Rodemackois continuent la restauration et assurent l'entretien des remparts à travers des chantiers de week-end organisés par l'association « Les Amis des vieilles pierres ». Fabien Marien n'en manque aucun. Il a épousé une fille du coin avec qui il a acheté une maison du village qu'ils sont en train de restaurer. Franck Morisseau qui, depuis 2006, au sein de l'association, a pris en charge les chantiers de restauration, raconte une histoire qui ressemble comme deux gouttes d'eau à la précédente. Tous s'enthousiasment pour l'église Saint-Nicolas, pour la maison des Baillis construite en 1560, pour l'ancienne poste et le lavoir, pour le presbytère, construit en 1736, date portée sur la clé de sa porte charretière. La majestueuse porte de Sierck, symbole de Rodemack, a été détruite pendant la Seconde Guerre mondiale. Les Rodemackois l'ont reconstruite eux-mêmes à l'identique, à partir d'un dessin de Victor Hugo. Maintenant, ils vont et viennent dans les rues étroites, n'évitent jamais la ruelle de la Forge, la plus ancienne. Ils sont quatre cents petits chanceux à habiter à l'intérieur de la cité fortifiée et à se sentir profondément chez eux.

Comme Philippe, l'instituteur qui y conduit les enfants du bourg, ils grimpent souvent au sommet des remparts en passant par les entrailles de la citadelle. La terrasse des Officiers offre le meilleur point de vue. De là-haut, le regard porte loin et la leçon d'histoire s'accompagne d'un cours de stratégie médiévale et d'un autre de géographie.

Pour une visite complète, il faut se rendre au jardin médiéval créé en 1990 sur une étroite parcelle comprise entre le rempart et le ruisseau des Oiseaux. Complété sans cesse depuis, il évoque *l'hortus conclusus* des châteaux forts. Dans un espace clos, les zones cultivées forment des dessins géométriques. Chaque espace mis en culture, délimité par un muret, est surélevé par rapport aux allées qui l'entourent. Plantes médicinales, condiments et aromates, légumes et cultures vivrières ou

« Je suis parrain de la cité de Rodemack et, à ce titre, je ne cesserai jamais de soutenir le travail des bénévoles locaux qui restaurent sans relâche le patrimoine de cette commune fortifiée. »

utilitaires et fleurs y sont également réparties. L'ensemble a été réalisé dans le cadre d'un projet pédagogique défini par une convention de partenariat liant le lycée professionnel La Briquerie et l'Association. L'ensemble des travaux a obtenu le prix national de la fondation Henri Ford.

Chaque été, Rodemack organise une fête médiévale, avec défilé de chevaliers et spectacles. Rodemack vit alors entièrement à l'heure médiévale.

Page de gauche
La chapelle Notre-Dame, de style baroque, fut construite en 1658 par la population de Rodemack en remerciement des bienfaits de la Vierge lors des grandes épidémies et pour le retour de la paix.

La jolie façade jaune aux volets bleus de l'ancienne poste croule sous les géraniums.

Enseigne de la maison des Baillis. Cet édifice fut construit en 1560 pour servir de logement au bailli exerçant au nom du prince l'autorité sur le village.

La citadelle, ses remparts et son parc arboré du XIXe siècle.

SAINT-QUIRIN

Sur les premiers contreforts des Vosges, classé parmi les plus beaux villages de France, Saint-Quirin, en Moselle, apparaît dans un écrin de verdure. À quatre-vingts kilomètres de Nancy, c'est un petit bourg de huit cents habitants qui doit son nom à Quirinus, tribun et saint martyr romain du IIe siècle après Jésus-Christ. Des vestiges d'une occupation romaine ont été mis au jour sur le site archéologique de la Croix-Guillaume à trois kilomètres du bourg.

Saint-Quirin, qui s'est développé autour d'un prieuré, possession de l'abbaye de Marmoutier, fut longtemps un centre de pèlerinage important. Selon la légende, les reliques de saint Quirin, torturé en 132 à Rome, sous le règne de l'empereur Adrien, furent rapportées d'Italie en 1049 par Geppa, abbesse de Neuss et sœur du pape Léon IX. Le mulet qui les transportait s'est arrêté sur la colline en contre-haut du village, sur l'emplacement de l'actuelle Chapelle haute, où furent déposées un temps les précieuses reliques avant d'être descendues dans l'église prieurale. Souvent et profondément remaniée, celle-ci apparaît aujourd'hui très composite, à l'exception du chœur et du clocher qui ont conservé une certaine homogénéité. Rectangulaire, longue de 15 mètres et large de 5,6 mètres, en grès rose des Vosges, elle comprend une nef unique.

Page de gauche
Le village avec l'église prieurale et ses trois clochers dont deux clochers à trois bulbes superposés avec, en arrière-plan, la chapelle Haute, second édifice religieux du village.

La statue de saint Quirin, patron du village, domine la source miraculeuse dont les eaux sont réputées guérir les maladies de peau.

Vue depuis l'un des nombreux sentiers de randonnée qui passent aux alentours.

L'église prieurale, devenue paroissiale, fut consacrée en 1123 et détruite pendant la guerre de Trente Ans. Reconstruite en 1722, typiquement baroque, elle est surmontée de trois tours à oignons dont deux à triple bulbe. Elle contient, entre autres trésors, installé en 1746 et restauré en 1969, le seul orgue conservé en Lorraine du très grand facteur Jean-André Silbermann. « C'est pour moi un énorme privilège que d'avoir accès à un tel instrument, classé monument historique. J'avais 18 ans la première fois que j'ai posé mes mains sur ses claviers. Je me suis senti très humble et tout petit. Cet instrument rythme la vie des offices. Il fait partie de l'histoire des gens d'ici, de leur ADN », raconte Christophe, l'organiste de toutes les célébrations depuis son plus jeune âge. Chaque année, les reliques du saint martyr Quirinus sont portées en grande procession de l'église à la chapelle. « On met les pieds dans les pas de ceux qui depuis des siècles sont montés, ont contemplé leur vallée depuis ce point de vue. L'âme du village est là-haut, à cet endroit où le patrimoine des hommes et celui de la nature se mélangent harmonieusement », dit Pierre, directeur du parc animalier de Sainte-Croix, habitant Saint-Quirin depuis quinze ans.

Avec cinq autres édifices religieux d'une beauté certaine disséminés dans les communes avoisinantes, ces deux monuments appartiennent à la constellation des dénommées « sept roses ». Il faut contourner le prieuré devenu presbytère attenant à l'église pour se rendre en contrebas à la « fontaine miraculeuse » dont l'eau est excellente pour les maladies de peau.

Dans le hameau de Lettenbach, un peu à l'écart, les bâtiments de la verrerie fondée au XVe siècle racontent cette activité qui s'est maintenue jusqu'au XIXe siècle. Magasins, logements ouvriers, galeries souterraines, four, chapelle des Verriers érigée à l'usage du personnel en 1756, dont les vitraux proviennent de la verrerie elle-même, témoignent d'une importante activité. Y furent notamment fabriquées les glaces du palais des ducs de Lorraine à Nancy. Louis XV lui reconnut le statut de manufacture royale.

De nombreux sentiers balisés partent de cette station verte labellisée comme telle vers les immenses forêts avoisinantes. À pied, en VTT, à cheval, on peut observer une faune et une flore fabuleuses à l'aise dans ce vaste domaine, et du gros gibier à partir duquel le boucher de Saint-Quirin confectionne des spécialités très appréciées. À l'Hostellerie du Prieuré, Didier et Valérie Soulier régalent les amateurs de bonne cuisine traditionnelle, truites meunière aux amandes ou au riesling, poissons des étangs et mirabelle, la reine de la Moselle.

> « Une étape intéressante pour les amateurs de patrimoine religieux. Sans oublier les amoureux de nature, qui se régaleront en empruntant les divers sentiers de randonnées à travers les massifs vosgiens. »

Page de gauche
Le seul orgue du très grand facteur Jean-André Silbermann conservé en Lorraine. Installé en 1746 dans l'église prieurale, il a été restauré en 1969.

Dans le hameau de Lettenbach, les bâtiments de la verrerie fondée au XVe siècle à laquelle Louis XV avait reconnu le statut de manufacture royale avec, à côté, la chapelle des Verriers.

Porte d'entrée du prieuré surmontée d'un fronton sculpté.

Midi-Pyrénées

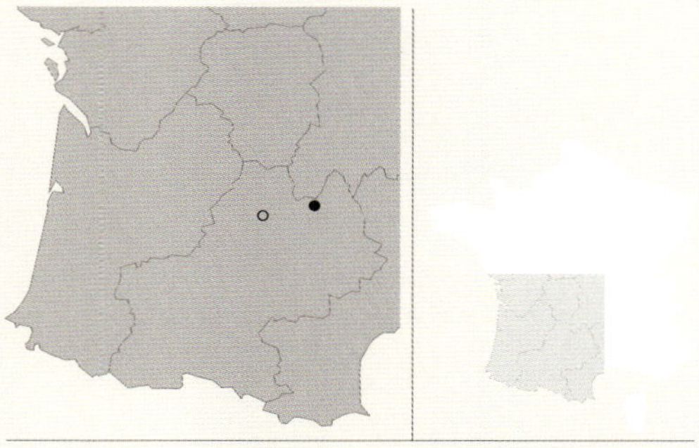

● Conques ○ Saint-Cirq-Lapopie

La Région Midi-Pyrénées se confond avec l'Occitanie, cette terre d'Oc qui n'a rejoint la France que contrainte et forcée. Ce sont deux langues sœurs, le gascon et le languedocien, qui se sont rejointes pour n'en former qu'une, celle des troubadours. C'est un pays de soleil, ombrageux et volubile, qui tient à son art de vivre comme à son accent. C'est une terre née de la rencontre brutale d'une vieille montagne au nord et d'une plus jeune au sud. Sous la poussée des Pyrénées d'où descendent des torrents, le Massif central s'est soulevé et fracturé en plateaux entre lesquels se sont glissées des rivières, le Lot, l'Aveyron, le Tarn. Souvent encaissées, les vallées assurent la transition et la liaison entre les plaines et les collines aux paysages et aux productions contrastées. La moindre butte porte une cité de brique aux origines souvent médiévales, bastides en damiers autour d'une place centrale construites au XIIIe siècle, selon le modèle urbain de l'époque. C'est au centre de ses huit départements, dans la plaine toulousaine irriguée par la Garonne, prolongée au sud-est par les coteaux du Lauragais et à l'ouest par les collines gersoises, que poussent les vignes à Armagnac. C'est la rencontre réussie entre deux tempéraments opposés, celui un peu taiseux du Massif central et celui plus fier, plus secret des Pyrénéens, dont Toulouse la rose assure la synthèse. Métropole universitaire, cosmopolite et dynamique, la capitale régionale s'est résolument tournée vers les industries et les technologies de pointe. Midi-Pyrénées poursuit son vieux rêve : relier la Méditerranée à l'Atlantique. Pierre-Paul Riquet l'a presque contentée en lui donnant le canal du Midi de Sète à Toulouse, qui fut ensuite prolongé vers Bordeaux par le canal latéral à la Garonne. Du Bordelais lui vint le rugby, qui désormais se confond avec son art de vivre, célèbre ses victoires au foie gras et noie ses défaites dans une légendaire convivialité.

Page de gauche
Hauts de deux mètres, érigés au XIXe siècle, les cairns circulaires du col de Pailhères ont été restaurés récemment.

Dans le Haut-Quercy, Rocamadour, cité médiévale solidement arrimée à la falaise. Belle façade fleurie montalbanaise. Place du Capitole, à Toulouse. La première plaque, écrite en français, porte en angle la croix d'Occitanie. La plaque du dessous est en langue occitane.

CONQUES

Petit village, mais grand site ! Au nord de Rodez, au fond d'un cirque verdoyant, Conques s'est installé au confluent du Dourdou et de l'Ouche, qui forment à cet endroit une sorte de coquille, une *concha* en latin, ce qui aurait donné le nom du lieu. Au détour d'une petite route, à mi-pente sur le versant ensoleillé, le village médiéval apparaît, lové autour de l'abbatiale Sainte-Foy. Le schiste y est roi. Il fournit non seulement la pierre à bâtir, mais aussi le pavé des rues et la lauze des toits. Pour les encadrements de portes et de fenêtres, les maçons lui ont pourtant préféré le grès rose ou gris. Il en résulte des teintes ocre irisé de rose en parfaite harmonie avec l'environnement naturel.

C'est un petit paradis qui compte environ 282 habitants, mais voit passer chaque année 600 000 visiteurs. Ce succès ne doit rien au hasard. La Région Midi-Pyrénées l'a placé dans ses Grands Sites. Son abbatiale, joyau de l'art roman, est inscrite au patrimoine mondial de l'humanité par l'Unesco, et depuis le début du XXe siècle, le village est reconnu comme étape majeure sur le chemin de Saint-Jacques-de-Compostelle.

L'église abbatiale Sainte-Foy est le pôle d'attraction du bourg. Chaque jour, frère Jean-Daniel, moine de la communauté religieuse, souvent à l'orgue, en raconte l'histoire : venant du Puy-en-Velay, les pèlerins descendaient des terres austères et sauvages de l'Aubrac vers la vallée du Lot et s'arrêtaient à Conques. Ils trouvaient dans l'abbatiale les reliques de Sainte-Foy rapportées d'Agen en 866. Nombreux sont toujours les marcheurs qui empruntent ce chemin historique en faisant étape au cœur du village, où les religieux les accueillent, s'ils le souhaitent, dans leur hôtellerie.

Page de gauche
Dans l'abbatiale Sainte-Foy des XIe et XIIe siècles, chef-d'œuvre de l'art roman, le frère Jean-Daniel joue de l'orgue pendant la messe.

Statue reliquaire de Sainte-Foy du IXe siècle, pièce maîtresse du Trésor exposé dans une aile du cloître.

L'église abbat ale Sainte-Foy de Conques, chef d'oeuvre de l'art roman, reçoit 600 000 visiteurs par an.

Au centre du cloître, l'ancienne fontaine du monastère, en serpentine, pierre ornementale, taillée.

Les vitraux de Pierre Soulages, réalisés en verre non coloré translucide, respectent les variations de la lumière naturelle tout en les modulant.

Le Curieux : détail du tympan du Jugement dernier qui couronne la porte occidentale de l'abbatiale (XIIe siècle).

Page de droite
À mi-pente, sur le versant ensoleillé, le village arbore des teintes ocre irisées de rose, en parfaite harmonie avec l'environnement.

> « Tout est à voir, à admirer, à savourer... Rien ne vient troubler la majesté du lieu où règne la sérénité. »

Maltraitée pendant les guerres de religion, abandonnée à la Révolution et promise à la destruction, l'abbatiale au splendide tympan du Jugement dernier, avec ses cent vingt-quatre personnages intacts et vieux de neuf siècles, fut redécouverte en 1837 par Prosper Mérimée, alors inspecteur général des monuments historiques, qui dégagea les fonds nécessaires à sa restauration. Les travaux se sont poursuivis pendant plus d'un siècle et se sont terminés en 1994 par la pose de nouveaux vitraux translucides, conçus, dessinés et posés par le grand peintre d'origine aveyronnaise, Pierre Soulages.

Le Trésor de l'orfèvrerie est ouvert à la visite. La statue reliquaire de Sainte-Foy, en or constellé de pierreries offertes par les pèlerins, y est présentée en même temps que des pièces d'orfèvrerie médiévales.

Pascal, pèlerin de passage, « 35 kilomètres dans la journée », fait une halte à l'entrée du village, au pont du Dourdou, dit le pont « romain », construit en 1410, avant de monter vers la chapelle Sainte-Foy où un beau point de vue et une source miraculeuse l'attendent et où il est quasi obligatoire de se rendre. « Il paraît que son eau rend la vue. Moi, j'espère seulement qu'elle va me rendre les choses plus belles », dit-il en riant et en se frottant les yeux.

Le village recèle des trésors plus prosaïques, plus matériels et d'excellentes nourritures terrestres. En face de la fontaine des pèlerins, le musée Joseph Fau, présente de riches collections de tapisseries et de meubles anciens. Un antiquaire, un graveur, des peintres, un savonnier, un sculpteur sur bois, un tailleur de pierre et une tapissière y ont ouvert une boutique ou un atelier.

Le prince Charles d'Angleterre y est venu planter son chevalet, mais on ne sait s'il s'est restauré au Moulin de Cambelong, qui servait autrefois à l'extraction de l'huile de châtaigne. Le chef étoilé Hervé Busset y met en valeur les spécialités régionales, dont la fouace, et recommande les vins du terroir que Patrick Rols, lointain héritier des vignes monacales, continue à élever. On ne sait pas non plus si on lui a conseillé de peindre depuis le panorama de Bancarel, d'où la vue sur Conques est unique.

SAINT-CIRQ LAPOPIE

Du haut de la falaise, Saint-Cirq-Lapopie contemple la vallée du Lot. Depuis des siècles, depuis toujours. Les Gallo-Romains déjà, et peut-être les hommes préhistoriques ont été séduits par ce promontoire rocheux entre ciel et terre. Qui prend la peine de s'y arrêter, à trente kilomètres de Cahors, au centre du parc naturel régional des Causses du Quercy, est frappé par sa beauté. L'écrivain André Breton ne s'est jamais remis du coup de foudre qu'il éprouva pour lui un soir de juin 1950. « Saint-Cirq embrasée aux feux de Bengale, m'est apparue, comme une rose impossible dans la nuit. Le matin suivant je revenais, dans la tentation de me poser au cœur de cette fleur... J'ai cessé de me désirer ailleurs », écrivit-il avant d'y acquérir l'ancienne auberge des Mariniers. Jusqu'au XIXe siècle, la navigation fluviale alimentait la contrée par la rivière, une batellerie un temps disparue reprise à l'heure actuelle par la navigation de plaisance. Ne manquez pas de vous promener le long du chemin de halage, haut lieu d'échanges commerciaux sur le Lot, c'est un cadre si pittoresque !

Par des ruelles escarpées bordées de maisons moyenâgeuses dont les encorbellements et les toits pointus parfaitement entretenus accentuent le charme, on atteint le plateau couronné de trois châteaux en ruine et d'une église fortifiée avec clocher carré et tourelle d'escalier, illustres témoins d'une vie seigneuriale qui dut trouver sa place dans les politiques diverses des rois de France. En 1471, Louis XI fit démanteler le château de Raymond de Cardaillac, seigneur du lieu, lequel le fit reconstruire sous Charles VIII avec les dédommagements reçus pour les préjudices subis sous le règne précédent.

Page de gauche
Par des ruelles escarpées bordées de maisons moyenâgeuses aux toits de tuiles brunes on atteint le plateau.

Au bord du Lot, où accostent les gabarres, le bas-relief du sculpteur Daniel Monnier.

Ci-contre
Douceur du soir à la terrasse d'un restaurant.

« Le souvenir particulier d'une belle soirée de fête avec tous les villageois, et le premier des villages élu préféré des Français en 2012. »

L'impressionnante église gothique fortifiée domine cet ensemble où se mêlent toits en cascade de tuiles brunes, pittoresques maisons à arcades, échoppes à pans de bois, portes et ruelles escarpées. Halte possible sur le chemin de Compostelle, un des lieux touristiques les plus visités de la Région Midi-Pyrénées, Saint-Cirq-Lapopie comptait une puissante corporation de tourneurs sur bois dont deux artisans perpétuent le savoir-faire. Peaussiers, chaudronniers avec ces tourneurs, firent la richesse du bourg, et encore aujourd'hui, musée et ateliers font revivre cette activité. Les artistes qui bénéficient là d'une résidence et d'un lieu d'exposition dans les Maisons Daura, anciennes demeures du peintre Pierre Daura, y ont vu un encouragement à la création contemporaine à laquelle ils participent avec passion.

Pages précédentes
Du haut de sa falaise, Saint-Cirq-Lapopie, couronnée par son église fortifiée au clocher carré, contemple depuis toujours la vallée du Lot.

Sur la maison d'André Breton, cherchez son portrait sculpté par Pierre Daura.

Plusieurs artisans perpétuent la tradition : potiers, tourneurs sur bois, chaudronniers…

PATRICK VINEL,
tourneur sur bois
à Saint-Cirq-Lapopie.
Il est le dernier d'une dynastie de cinq générations de robinetiers-tourneurs sur bois, et le seul à perpétuer la tradition de cet artisanat typique du village, dans son échoppe de la rue principale (son père continue lui aussi à tourner, par passion). En saison, son atelier est toujours rempli de touristes, curieux de découvrir cet ancien métier local.

Le château de la Gardette, bastion de garde avancé, abrite le musée Rignault et ses nombreuses œuvres d'art.

Nord-Pas-de-Calais

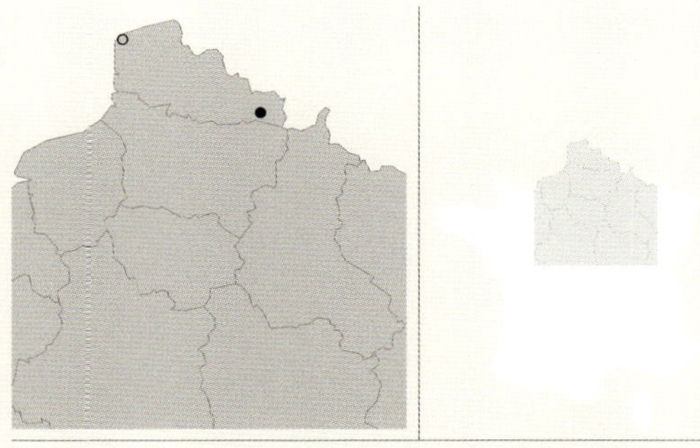

● Maroilles ○ Wissant

Le Nord-Pas-de-Calais est la région des cieux immenses, des longues plages aux douces lumières et des plaines à l'infini. Au plus près des côtes anglaises, voisine de la Belgique, elle étire ses grands espaces jusqu'à la mer du Nord qui n'a pas renoncé à les lui disputer. Ses plaines, crayeuses autour de Lens, fluviales, dans lesquelles la Scarpe, la Lys et l'Aa ont creusé leurs lits, argileuses et surmontées de buttes, sont d'authentiques livres d'histoire. Du haut du mont Cassel qui, de ses 176 mètres domine la Flandre, Napoléon, guerroyant par là en 1803, s'écria : « C'est la vue du plus magnifique tableau que la nature ait dessiné dans un pays de plaine. » C'est une mosaïque de pays, « pays nus » ou « pays de bois », qui soulignent les accidents du terrain et font son charme. Les canaux de Calais, de l'Escaut, de la Sambre à l'Oise, du Nord, et d'autres encore, le quadrillent. Leur réseau très dense relie les grandes villes à celles de la Belgique et des Pays-Bas. Ils furent des enjeux stratégiques sous Charles Quint et Louis XIV avant de prendre, à partir du XIXe siècle, une importance économique grandissante, ce qui n'a pas empêché, à l'heure actuelle, le tourisme fluvial de s'y glisser. Le torchis, la brique, le bois, le grès, la pierre bleue de l'Avesnois, la pierre blanche de l'Artois, la tuile et surtout l'ardoise ont façonné son habitat. Les corons, cités ouvrières immortalisées par Zola dans *Germinal* parlent de son long passé industriel autour des mines et des usines de textile. Rares sont les villes qui, comme Lille, sa métropole régionale, agglomération de plus d'un million d'habitants, conjuguent à ce point le passé, le présent et l'avenir. Ses façades toutes différentes sur la Grand-Place ont reçu des influences flamandes, bourguignonnes et espagnoles. Le TGV en a fait un carrefour incontournable entre Paris, Londres et Bruxelles.

Page de gauche
Festival mondial des cerfs-volants à Berck-sur-Mer : ballets aériens et colorés au gré du vent dans une ambiance festive.

À Dunkerque, le Carnaval attire une foule immense et haute en couleur de carnavaleux déguisés.
Les façades de la place d'Arras, baroques, aux pignons saillants, révèlent une influence flamande.
Incontournable, l'estaminet, débit de boisson, est le traditionnel lieu de rassemblement et de détente des villageois.

MAROILLES

Maroilles dites-vous ? C'est de ce fromage de vache au fumet persistant que vous souhaitez parler ? De ce fromage carré qui, sous sa croûte orange, présente une pâte molle très goûteuse ? Certes. Mais je souhaite d'abord vous entretenir du village de Maroilles-en-Thiérache, dont il a pris le nom et fait la renommée mondiale. On y vient de loin et de partout, pour son fromage et aussi parce qu'il est beau. Dans le parc naturel de l'Avesnois, à trente-sept kilomètres de Valenciennes, entouré de prés bocagers traversés de cours d'eau, il est un bourg typique du « ch'Nord » avec ses maisons de brique rouge, son église baroque et son ciel capricieux. Il conserve aussi les vestiges d'une grande abbaye fondée en 652 par saint Humbert, qui eut successivement soixante-huit abbés et, pendant un millénaire, fut influente dans tout le Hainaut. Pour l'édifier, il fallut défricher une grande clairière que, dans le dialecte de l'époque, on appelait une *maroialo*, d'où le patronyme actuel.

L'abbaye ne résista pas à la Révolution, mais l'église paroissiale récupéra ses orgues commandées au facteur d'orgues lillois Antoine Gaubert en 1725. Doté de trente-neuf jeux sur quatre claviers, d'une sonorité exceptionnelle, l'instrument est utilisé pour des concerts et des enregistrements de musique baroque, de Couperin en particulier. Face à la mairie qui logeait jadis le bailli représentant l'autorité seigneuriale, l'ancien logis du frère tourier a été converti en syndicat d'initiative. Les rues étroites comme autrefois conduisent à la grange dîmière où les paysans déposaient les produits de l'impôt dû aux moines (la dîme, soit une gerbe sur dix et d'autres denrées agricoles). Des expositions y sont régulièrement organisées. Un escalier de pierre et de brique conduit au moulin. Depuis le XVIIe siècle, il enjambe allègrement l'Hepte mineure, très poissonneuse. Le linteau de sa porte d'entrée arbore toujours la devise de l'abbé Frédéric d'Yves, *Adherere Deo bonum est*, autrement dit, en français d'aujourd'hui : « Il est bon de s'attacher à Dieu. »

Page de gauche
Sur les bords de l'Helpe, le moulin à eau de l'abbaye, construit au XVIIe siècle, a retrouvé depuis 1995 une roue semblable à celle qu'il possédait au temps des rois.

Servie au comptoir avec un verre de bière, la flamiche au maroilles, tarte à pâte levée nappée de crème sur laquelle sont disposées des tranches de ce fromage goûteux, est une authentique recette ch'ti.

> « Champêtre, rural, festif, goûteux, les adjectifs ne manquent pas pour évoquer ce bourg sympathique. »

Dany, pas Dany Boon mais Daniel Druesnes, le Dany de Maroilles, le seul producteur de fromage du village, vient quotidiennement en livrer aux restaurants et boutiques. Hervé, l'historien local, amoureux de sa commune comme les mille cinq cents autres Maroillais, explique : « C'est dans l'abbaye qu'aurait été inventé au xe siècle notre célèbre fromage… Pas tout jeune, le Maroilles ! Sa période d'affinage en cave humide fut précisée par une ordonnance de 1174. On dit qu'il a fait succomber des papilles de Charles Quint à François Ier. » Dany approuve et ne voit pas pourquoi les *people,* ne remplaceraient pas les rois dans les dégustations à venir. En 2001, avec sa femme, il a repris la ferme de Cerfmont. Son fils s'occupe des animaux, sa belle-fille de la fabrication du fromage, lui, avec son épouse, de la vente sur les marchés et à l'hôtellerie régionale. Des gens de passage lui en achètent, ravis de ramener chez eux un fromage affiné au minimum pendant trois semaines à la ferme, et souvent beaucoup plus dans le berceau de cette AOC, la seule accordée à un fromage dans la région, qui en produit une trentaine de sortes.

Dany et Hervé sont d'accord, on ne peut venir dans leur belle cité sans déguster une flamiche au Maroilles. C'est une sorte de tarte nappée de crème fraîche sur laquelle on dispose de belles tranches de Maroilles avant de mettre le tout au four. La cuisson dégage une odeur très forte, mais à la dégustation, le goût se révèle moins puissant, « juste ce qu'il faut », disent les amateurs. À Maroilles, quand le carillon du clocher sonne sur l'air du *P'tit Quinquin,* l'hymne des Ch'tis, on se met à table et il n'y a pas de bon repas sans le fromage du pays et une pomme de l'Avesnois. Le dimanche, un peu de genièvre est également bienvenu. Dans les grandes occasions aussi, comme pour la brocante qui se tient tous les troisièmes dimanches de juin, dans toutes les rues, sur plus de six kilomètres de trottoirs.

Pour éliminer les calories, « les p'tits gars » du village vont taquiner le brochet au bord de la rivière. Il ne faut pas les déranger, sauf pour admirer une grosse prise. « Ils sont comme ça les Ch'tis. Froids au départ, mais avec un cœur d'or. » Ce n'est pas pour rien que l'accueil et la convivialité du Nord sont proverbiaux.

L'église paroissiale Saint-Hubert, en brique et pierre bleue, fut édifiée entre 1729 et 1738. Son porche est orné de fines volutes.

La place verte et son kiosque à musique. De forme triangulaire, elle fut drainée, nivelée et plantée d'une centaine de tilleuls en 1808.

Intérieur de l'église Saint-Hubert : les boiseries de chêne appliquées sur les murs du chœur se développent sur 24 mètres. Elles datent du XVIIIe siècle et sont l'œuvre de menuisiers locaux, les frères Troyaux.

Peinture représentant saint Hubert, fondateur de l'abbaye et du village en 680. Dans l'église, ses reliques sont présentées dans une chasse de cuivre doré.

Chapeautées de toits rouges, les maisons des pêcheurs ont été construites en enfilade avec la pierre d'un blanc laiteux qui a donné son nom à la côte d'Opale.

Page de droite
La plage, aux vents très favorables, avec le cap Blanc-Nez en toile de fond, un des meilleurs spots d'Europe pour s'entraîner en kitesurf et en windsurf.

WISSANT

Wissant est devenu La Mecque de la planche à voile. Des vents ordinairement favorables et la proximité de la gare TGV-Eurostar de Calais-Fréthun y conduisent les kitesurfeurs et les amoureux des cerfs-volants du monde entier. Au-dessus des douze kilomètres de sa plage de sable fin, une aile ou plusieurs fendent toujours des cieux complices. Wissant est le lieu idéal pour s'initier aux sports de glisse. « La baie est magnifique. C'est un des meilleurs spots d'Europe pour s'entraîner en kitesurf et windsurf. C'est vraiment un endroit exceptionnel », dit le Lillois Jules Denel, un aventurier au regard bleu océan et à la longue chevelure blonde. À 22 ans, il est déjà deux fois champion du monde junior et deux fois champion de France de windsurf.

Sur la côte d'Opale, ce bourg séculaire occupe une baie entre deux falaises. Elle est protégée, au sud, dans le Boulonnais, par le cap Gris-Nez, point du littoral français le plus proche de l'Angleterre, et au nord, dans le Calaisis, par le cap Blanc-Nez, le plus septentrional de France. Le général de Gaulle aimait à passer des vacances dans cette petite station balnéaire. Il s'y promenait. Quelques anciens se souviennent encore de l'avoir vu humer l'air marin et l'iode. « Tout est beau à Wissant, les gens y sont sympathiques au possible. Ils sont l'âme du village », commentent quelques figures locales attablées au Charlemagne, le bar de la place. Il est midi, l'heure de l'apéritif. La vente du poisson pêché du matin est terminée. Myriam range son étal.

Le flobart, embarcation traditionnelle de la côte d'Opale, est un bateau d'échouage long de quatre à cinq mètres, à fond plat et sans quille. Utilisé depuis le XVIIe siècle pour la pêche côtière, conçu pour pouvoir embarquer directement sur la plage, ventru et tenant bien la mer, il peut porter jusqu'à deux tonnes de poisson. On le tire désormais sur le sable avec un tracteur. Jadis c'était à dos d'homme ou avec des chevaux de trait boulonnais à la robe blanche et au poitrail puissant. Wissant lui rend hommage chaque année le dernier week-end d'août, avec défilé, musique et chants de marins.

“ Très joli village maritime qui a su préserver son caractère et son environnement. Les pêcheurs y célèbrent encore la Fête du flobart, ce bateau traditionnel à fond plat tiré sur le sable par des chevaux. ”

YVES MALFOY,
petit-fils de pêcheur,
est issu d'une vieille famille wissantaise. Cet amoureux inconditionnel de son village est employé municipal depuis trente-trois ans et régisseur du camping municipal de Wissant.

Adossé à des marais que protège un mince cordon de dunes, ce village d'un millier d'habitants s'est regroupé autour de son église du XVe siècle. Celle-ci abrite une statue de sainte Wilgeforte, sainte barbue du XIe siècle. Pour échapper à la volonté de son père qui voulait la marier contre son gré, elle reçut du ciel une jolie barbe, repoussoir à prétendants. De rage, son papa la fit crucifier. Chapeautées de toits rouges, les maisons de pêcheurs ont été construites en enfilade, avec la pierre d'un blanc laiteux qui a donné son nom à la côte d'Opale. Pendant des siècles, le bourg a vécu essentiellement de la pêche et des prises de mer. Plusieurs campagnes de fouilles réalisées sur la côte ont révélé une occupation très ancienne, mais n'ont pas démontré que le fameux Portus Itius, cité dans le livre VII de *La Guerre des Gaules* par Jules César, se trouvait là, comme beaucoup le croyaient. Qu'à cela ne tienne, le long de la route qui mène à Calais, une ancienne forteresse en terre à deux enceintes, datant du haut Moyen Âge, est appelée, « camp de César ». Jusqu'au XVIe siècle il fut le principal port d'embarquement pour l'Angleterre mais, de plus en plus pris par le sable, il dut céder sa place à Calais.

Entre plage et bois, au cœur du parc naturel régional des caps et marais d'Opale, Wissant a séduit Claude Lelouch, qui y tourna plusieurs scènes de son film *L'Amour avec des si*. Avant lui, les peintres avaient été attirés par la douce lumière de leur « perle sauvage d'opale ». Dans la dernière moitié du XIXe siècle, le couple Adrien Demont et Virginie Demont-Breton s'y installèrent et y attirèrent leurs amis. Jusque dans les années trente, ils formèrent avec vingt-cinq d'entre eux – dont deux sculpteurs – « l'école de Wissant ». Peintres réalistes, ils immortalisèrent dans leurs tableaux les landes, la plage et les pêcheurs wissantais. En 1891, les Demont-Breton ont fait bâtir sur une butte la villa Le Typhonium, du style néo-égyptien qu'ils aimaient bien qu'ils ne se soient jamais rendus en Égypte. Désormais classée monument historique, elle contribue à la singularité de la baie, elle-même labellisée « Grand Site ».

Page de gauche
Entre deux falaises, la baie de Wissant étire les douze kilomètres de sa plage de sable fin, partie du littoral français la plus proche de l'Angleterre.

Un flobart, bateau d'échouage traditionnel des pêcheurs, rentre au port avec sa récolte de poissons.

L'Herlen, venu des terres, sillonne le village, avant de se jeter dans la mer.

L'hôtel de la Plage, une institution à Wissant, bénéficie d'une longue tradition familiale. C'est l'un des plus anciens de la côte d'Opale.

Pays de la Loire

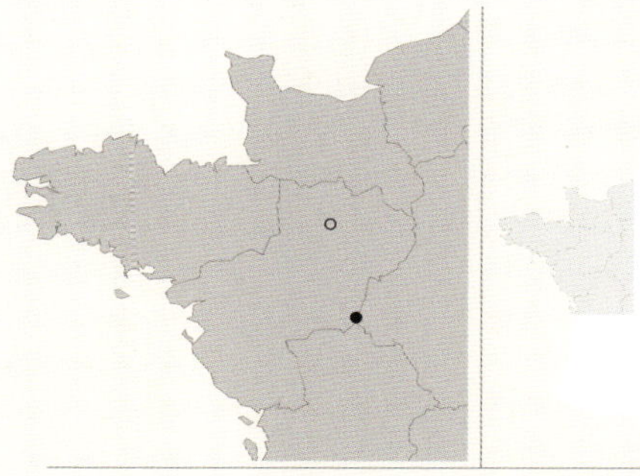

● Montsoreau ○ Sainte-Suzanne

Perche, Maine, Anjou, Vendée, région nantaise, la Loire rassemble ses pays, leur sert de colonne vertébrale et leur ouvre la porte de l'océan. Nantes, Angers, Saumur, Baugé, Brissac, Fontevraud, partout l'histoire de France et celle de l'Angleterre, quand leurs rois étaient des Plantagenêts, ont laissé des traces. À côté des châteaux seigneuriaux et des puissantes abbayes, de riches bourgeois ont doté leurs familles de belles demeures, et les paysans se sont mis à l'abri dans des logis aux façades sobres, mais élégantes. Sur place, les matériaux de construction abondaient, granit, schiste, pierre de calcaire, ardoise, tous utilisés. En Anjou et dans la vallée du Loir, les hommes ont même aménagé leurs habitations en creusant des enfilades de pièces à l'intérieur des coteaux de tuffeau. Ils ont aussi bâti en fonction de leurs activités. Sur le littoral atlantique, autour de Saint-Nazaire et de Pornic, le long des rivières côtières, ostréiculteurs et pêcheurs ont imaginé des cabanes sur pilotis, des pêcheries dont les touristes raffolent. De la mâche nantaise aux roses d'Anjou, du sel de Guérande aux champignons de Saumur, des Petit LU aux canards de Challans, de la doyenné du comice, poire juteuse, à la rouge des prés, race bovine à la robe pie rouge foncé, une riche agriculture et un élevage de qualité sont à l'origine d'une gastronomie raffinée. Traditions et savoir-faire sont partout les garants d'une cuisine marquée par les terroirs, respectueuse des saveurs, iodée lorsqu'elle fait appel aux pêches de ses ports. Tout bon repas se doit d'être arrosé, modérément, cela va de soi, de vins d'Anjou, du Saumurois ou des coteaux du Loir.

Page de gauche
Le château de la Bretesche, à Missillac, en Loire-Atlantique, fut construit dans le plus pur style gothique aux XIVe et XVe siècles, puis restauré au XIXe siècle.

Sur le port de La Turballe, séchage des filets de chalutiers. Maison typique au toit de chaume au cœur du parc naturel régional de Brière. Les marais salants à l'Île-d'Olonne.

MONTSOREAU

« Il n'y a pas d'heure pour succomber au charme de Montsoreau », affirme Laurence Laboutière, qui réside depuis une quinzaine d'années dans ce village du Maine-et-Loire, entre Chinon et Saumur. Elle y est heureuse et comblée. « Je ne le quitterais pour rien au monde. À sept heures du matin, le lever de soleil sur la Loire est à vous couper le souffle. Ici, je me sens en harmonie avec la nature. J'éprouve chaque jour, chaque matin, chaque soir, un plaisir renouvelé à redécouvrir ce tuffeau qui magnifie les couleurs de toutes les fleurs, des roses comme des iris », dit-elle, le regard perdu au-dessus du fleuve majestueux qui poursuit sa route en donnant à la petite cité un charme fou et une douceur incomparable.

Montsoreau doit beaucoup à la Loire qui coule à ses pieds et qui, dès le Moyen Âge, lui apporte son développement. Port très actif, il est le siège de gros marchés. Les blés du Loudunais, les vins du Chinonais et ceux du Poitou s'y vendent et s'y achètent avant d'être transportés par voie fluviale jusqu'à Nantes. Au XVe siècle, son seigneur est devenu suffisamment riche, en partie grâce au droit de passage prélevé sur les bateaux, pour se faire bâtir un des tout premiers châteaux de plaisance de la région. Tout en conservant une allure fortifiée au nord, l'imposante demeure offre au sud une façade élégante inspirée par la Renaissance italienne. Depuis le début du XXe siècle, elle est ouverte au public, et depuis 2001, on peut y suivre un parcours son et lumière.

L'élégant château de style féodal et Renaissance et le village de Montsoreau à la confluence de la Vienne et de la Loire qui coulent à leurs pieds.

Page de droite
Le château propose un parcours son et lumière : « Les Imaginaires de Loire ». La Dame de Monsoreau confie sa véritable histoire.

Au lieu-dit « Le Saut-aux-Loups », la Champignonnière, ensemble d'habitations troglodytiques du XVe siècle, mérite une petite visite.

« Les richesses de Montsoreau sont considérables. Un château de conte de fées, des ruelles fleuries, des caves troglodytiques, une champignonnière, des moulins, et pour qui veut... ses vins de Loire. »

Des roses trémières égayent la façade d'une maison traditionnelle en tuffeau et volets bleus.

Façade sud du château inspirée de la Renaissance italienne avec l'élégante tour de l'escalier d'honneur.

Il n'est pas étonnant que village et château, touchants et romantiques quand la brume de Loire les enveloppe, aient inspiré un roman à Alexandre Dumas, *La Dame de Monsoreau* (il a volontairement omis le t), publié en 1846. Il y raconte, en prenant des libertés avec la vérité historique, les amours contrariées de Diane de Méridor, de son vrai nom Françoise de Maridor, épouse du comte de Monsoreau et de son amant, Louis de Bussy d'Amboise. L'intrigue se déroule au XVIe siècle sur fond de guerres de Religion. Repris deux fois à la télévision, en 1971 et en 2009, ce livre sentimental valut une certaine célébrité à Montsoreau et l'augmentation du nombre de ses visiteurs.

Au Saut-aux-Loups, les immenses galeries creusées pour extraire la pierre de tuffeau sont utilisées depuis le début du XXe siècle pour la culture des champignons.

Une aide bienvenue qui renforça ses forts nombreux atouts, le moindre n'étant pas le tuffeau. Cette pierre blanche à bâtir avec laquelle ont été édifiés château et maisons est une « pierre miracle » facile à travailler. Exploitée en grand au XIXe siècle dans les carrières des coteaux, elle fit passer la population du bourg de six cents à plus de mille avant de s'épuiser et de ramener les habitants à quatre cent quatre-vingts aujourd'hui.

Les galeries ouvertes au lieu-dit « Le Saut-aux-Loups », auxquelles mène une foule de sentiers, furent astucieusement récupérées pour la culture de champignons. Laurence Laboutière, dite « Laurence Champignon » y élève une dizaine de variétés dont une fameuse pleurote, la « Pomponnette de Montsoreau », qu'on peut manger crue et qu'elle vend le dimanche sur le marché, près duquel se tiennent, tous les deuxièmes dimanches du mois, des puces très courues. Il lui arrive aussi d'aller en cuisiner chez son amie Nicole, qui habite une des vingt et une habitations troglodytiques, des« troglos » comme on dit au pays, des grottes avec tout le confort.

Petite cité de caractère, labellisée « Plus Beaux Villagex de France » et « Village fleuri », classée au patrimoine mondial de l'Unesco, nichée au cœur du parc naturel régional Loire-Anjou-Touraine – elle abrite la Maison du parc –avec son église Saint-Pierre-de-Rest et son panorama, cette bourgade de charme au bord de la Loire est aussi réputée pour ses parties de boule de fort, un jeu inventé au XVIIe siècle par des prisonniers espagnols. Régi par des règles très strictes appliquées dans la bonne humeur et en douceur, il assure une bonne humeur collective garantie « Montsoreau ».

SAINTE-SUZANNE

Guillaume Le Conquérant aurait bien voulu s'en emparer. Plusieurs fois, il essaya entre 1083 et 1087. Sainte-Suzanne lui résista et il finit par renoncer. Ce fut le premier titre de gloire de « la perle de la Mayenne », mais pas le dernier, loin s'en faut. À l'heure actuelle, cette cité médiévale, qui domine la vallée de l'Erve entre Laval et Le Mans, est classée « commune touristique », « Plus Beaux Villages de France », « petite cité de caractère », « station verte » et « pays d'art et d'histoire ». Elle a reçu en 2009 le diplôme de la Société pour la protection des paysages et de l'esthétique de France, en mai 2011, le label européen des architectures de terres remarquables, en novembre 2011 le Prix régional du Patrimoine du concours des villes et villages fleuris. Le château, labellisé Tourisme et handicap pour les quatre types de handicaps, vient de recevoir le premier prix national des Trophées de l'accessibilité pour les équipements recevant du public.

Solidement plantée au sommet d'une colline isolée, au-dessus d'un à-pic de 70 mètres, Sainte-Suzanne a

longtemps occupé une position stratégique au cœur du Maine. Perchée sur son éperon rocheux, elle surveillait les monts des Coëvrons et la plaine de l'Anjou sur laquelle la vue porte loin. Les qualités protectrices et défensives du site ont dû être repérées très tôt par les humains, car à trois kilomètres de son donjon se trouve le dolmen des Erves, un des monuments mégalithiques les plus connus de la Mayenne, et le plus ancien. Des fouilles archéologiques récentes ont également révélé une occupation celte aux ve et vi^e^ siècles avant Jésus-Christ.

Page de gauche
Solidement planté au sommet d'une colline isolée au-dessus d'un à-pic de 70 mètres, le village surveille les monts de Coëvrons et la plaine d'Anjou.

En arrière-plan, la tour du logis du château. Ce beau corps de bâtiment fut réalisé dans le plus pur style classique français du début du xviie siècle pour Guillaume Fouquet de La Varenne qui n'eut pas le temps d'achever la grande demeure qu'il projetait.

Ruelles de charme aux maisons médiévales…

Les fortifications qui donnent son cachet à Sainte-Suzanne suivent un plan curieusement triangulaire. On peut en suivre le contour en empruntant la promenade de la poterne, qui longe l'extérieur des remparts sur les deux côtés les plus abrupts. Après être passé par la tour du Guet, longer la porte de Fer qui conduisait à la cour du château et à quatre tourelles servant à monter la garde. Arrive alors la porte du Guichet, par laquelle on pénètre dans la ville pour emprunter son axe principal, la Grande Rue. Au numéro 7, la maison de l'auditoire, qui servait autrefois de tribunal, abrite le musée de l'histoire de la ville. Vous pourrez y découvrir la plus vieille armure de France. En contrebas de l'hôtel de ville, bâti sur l'emplacement de l'ancienne halle, le grenier à sel servait à entreposer la précieuse denrée vendue aux vingt-six paroisses qui en dépendaient. Trois serrures imposantes en fermaient la porte. Pour les ouvrir, il fallait trois clés détenues par trois personnes différentes. À l'est, le château du XVIIe siècle et le donjon du XIe siècle ferment la citadelle.

Après leur avoir résisté pendant trois siècles, Sainte-Suzanne finit par tomber aux mains des Anglais en 1425. Ils l'occupèrent quatorze ans avant qu'elle ne soit reprise par Jean de Bueil, compagnon de Jeanne d'Arc. La cité appartint ensuite à Henri IV, qu'elle assura de sa fidélité et dont elle reçut des avantages. Fouquet de la Varenne, premier gouverneur général des Postes, acheta les terres à la première épouse du roi, la reine Margot, et y fit construire un « logis » (l'actuel château) en 1608. En 1661, par lettres patentes, Louis XIV accorde à la cité le privilège de tenir six foires annuelles. Parallèlement, dix-sept moulins installés sur l'Erve produisant papier et cartes à jouer lui valent un essor considérable. Aujourd'hui, l'artisanat d'art y fleurit. Chacun possède son enseigne représentant une figure du tarot peinte par un artiste local, feu Jean-Claude Flornoy.

Afin qu'ils appréhendent mieux l'histoire de leur cité – qui comprend aussi un musée du Jouet et de la plaque émaillée avec reconstitution d'une classe au temps où l'encre violette tachait les doigts et les cahiers –, les Suzannais proposent aux enfants des balades commentées sur les remparts en costume de chevalier ou de princesse. Tous les villageois, conscients du patrimoine exceptionnel qu'on leur a transmis, se mobilisent régulièrement pour son entretien. Il leur arrive souvent de prendre la truelle. En 2007, Juliette et Philippe ont eu un coup de cœur pour une vieille bâtisse en plein centre. Ils l'ont restaurée et transformée en un gîte quatre épis au nom plein de romantisme : « Les fiancés de Sainte-Suzanne ». Si vous êtes tenté par un séjour et par la nature environnante, les membres du club de pêche « la Truite suzannaise », se feront un plaisir, si vous le souhaitez, de vous indiquer où il fait bon tremper la ligne dans la rivière l'Erve.

> Maintes fois récompensée pour ses nombreux atouts, cette cité fière et élégante a développé une importante vie associative grâce à la volonté de sa population.

Page de gauche
Au pied du château, la promenade de la Foterne part de la Tour du guet, longe le château, puis les remparts par l'extérieur. Une halte à la porte de Fer permet de découvrir en contrebas la rivière et son « Grand moulin » à eau.

Depuis les bords de l'Erve, par-delà les prairies, au sommet de son éperon se dresse Sainte-Suzanne et son château.

Rue de La Belle Étoile, façade médiévale restaurée avec soin et avec goût.

Picardie

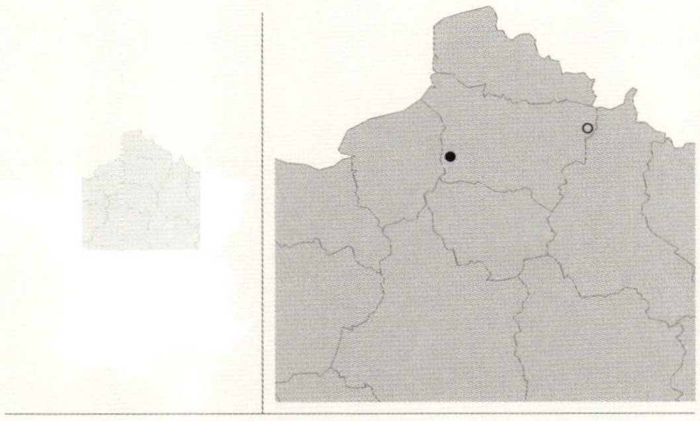

● Gerberoy ○ Parfondeval

Aux portes de l'Île-de-France, la Picardie étire ses grands plateaux et ses horizons sans fin. Surmontés de buttes, fortement compartimentés, le Tardenois, le Valois, le Soissonnais portent d'opulentes plaines agricoles, mais aussi de vastes forêts. Autour de Compiègne, de Chantilly, de Senlis, de Villers-Cotterêts, taillis, landes de bruyères, hautes futaies et sous-bois lumineux conservent le souvenir des chasses royales dont elles furent le théâtre et demeurent, pour l'essentiel, le royaume des cavaliers. Elles s'arrêtent quand commence le pays de Bray avec ses prairies clôturées de haies, à l'excellente terre argileuse très prisée par les potiers dès le Moyen Âge. Au Nord, le Laonnois, le Vermandois et l'Amiénois regroupent leurs fermes autour des clochers gothiques de leurs villes et villages. Si l'Oise qui traverse la Picardie en diagonale a de tout temps été son grand axe de peuplement et de passage, la Somme et ses affluents en ont fait une terre d'élection pour les pêcheurs et les randonneurs. Après avoir modelé un paysage de plaines et de vallons, cette rivière se jette dans la Manche par un vaste estuaire bordé au sud de falaises et au nord de plages sablonneuses protégées par un cordon de galets. Plus de trois cents espèces d'oiseaux ont trouvé refuge dans cette baie classée réserve naturelle. Elle offre une escale sécurisée aux migrateurs en route pour les pays chauds. Au-delà, les dunes du Marquenterre longent les plages. Tantôt française, tantôt bourguignonne, parfois anglaise, la Picardie a payé un lourd tribut aux ambitions des uns et des autres. Cela ne l'a pas empêchée de se construire une identité régionale dont le dialecte picard est un élément majeur.

Page de gauche
Champ de blé au Chemin des Dames, dans l'Aisne. Avec la betterave et la pomme de terre, le blé domine en Picardie, terre de grande culture.

Cabines de plage à Cayeux-sur-Mer, station balnéaire de la baie de Somme. Château de Pierrefonds, immense forteresse de la fin du XIVe siècle que Viollet-le-Duc a sauvé de la ruine au XIXe siècle. Maison en brique, typique de l'Amiénois.

GERBEROY

Aux confins de la Normandie et de la Picardie, au centre du triangle Beauvais, Rouen et Amiens, Gerberoy est un îlot de paix et de calme : point de commerce, point d'école. Isolé, mais pas solitaire. À l'abri d'une multitude de rosiers grimpants, le village se déploie autour de deux rues pavées bordées de maisons des XVIIe et XVIIIe siècles, en torchis à colombages, en hourdis de brique rose ou en silex, toutes pimpantes comme au premier jour. Restauré, soigné, enjolivé par sa centaine d'habitants, il doit son renouveau à Henri Le Sidaner (1862-1939). Au milieu de l'été 1900, sur les conseils de son ami le céramiste Auguste Delaherche, ce peintre s'installe à Beauvais. Il peint les paysages du Beauvaisis, découvre cette ancienne place forte au hasard d'une promenade et, séduit, y prend ses quartiers à l'été 1901. « J'ai connu l'étonnante surprise de pénétrer en l'ancienne petite ville, un peu somnolente, mais imprégnée du charme de son passé », écrit-il en omettant de signaler le piteux état de sa découverte. Placé au cœur des conflits franco-anglais, le site fut assiégé, pris et repris maintes fois entre 1079 et 1437, incendié trois fois en 1611, 1651 et 1673. Petite ville, car le roi de France, Philippe-Auguste, lui en accorda le statut en 1202, elle porte les cicatrices de ses anciens combats. Sa collégiale Saint-Pierre, construite en 1015, brûlée en 1419, fut reconstruite entre 1451 et 1468 près d'un contrefort de l'ancien donjon disparu.

Près de l'hôtel de ville, le puits communal, profond de 70 mètres, surélevé et protégé par un auvent de tuiles, a été restauré et soigné par les habitants, comme l'ensemble du village.

À peine arrivé dans la maison qu'il a achetée, Le Sidaner met sa passion créatrice au service de l'ensemble du site, de son habitat, de ses allées et de ses espaces publics. Pour son plaisir, il transforme les ruines de l'ancienne forteresse démantelée à la fin du XVIe siècle en un magnifique jardin nourri de ses voyages en Angleterre et en Italie, toujours visible depuis la promenade bordée d'arbres des remparts. Gerberoy inspire la centaine de toiles qu'il y a peintes. Il en émane une douceur de vivre et l'harmonieuse sensation que le temps s'est arrêté. Sensation que la Picarde Élodie Gossuin, ancienne Miss France et Miss Europe partage : « C'est un village plein de plénitude, dit-elle, on a envie d'y habiter. »

Benoît Guilloux a franchi le pas. Il y a six ans, avec femme et enfants, il est revenu vivre à Gerberoy où il a grandi. Ancien militaire, il a transformé sa maison de famille, une gentilhommière XVIIIe siècle, en maison d'hôtes. *Le Jardin du Vidamé* propose des quiches, des soupes bio, du Petit Gerberoy, fromage frais au confit de roses, des tartes et des gâteaux maison à déguster dans les anciennes écuries transformées en salle de restaurant. Dans la maison principale, les chambres offrent une vue imprenable

« Un village ravissant qui doit beaucoup au fleurissement exceptionnel de ses rosiers, glycines ou lilas, et à son architecture médiévale. Un enchantement ! »

sur la collégiale Saint-Pierre, qui recèle une nef à vaisseaux de bois voûtés, de belles stalles aux miséricordes sculptées et deux retables du XVIIe siècle. Sans se faire prier, Benoît Guilloux se fait un plaisir d'accompagner les visiteurs dans un tour du village qui passe par la maison d'Henri IV, où le souverain blessé aurait été soigné en 1591. Tout près de la « maison bleue », qui renferme un atelier de céramique, la rue pavée mène à l'ancienne porte du château. Un arrêt à l'hôtel de ville s'impose. En brique, à côté d'un puits profond de soixante-dix mètres, utile en cas de siège, il abrite au rez-de-chaussée les halles et au premier étage, dans l'ancienne « salle de justice seigneuriale », un musée qui comprend les archives communales.

Gerberoy, classé parmi les cent un « Plus Beaux Villages de France », a servi de cadre au tournage d'un épisode de la série télévisée de Maupassant, *Le Rosier de Mme Husson*. Devenu en 1928 « la cité des roses », il organise tous les troisièmes dimanches de juin sa fête des roses, les premiers et deuxièmes dimanches de juillet des estivales consacrées aux musiques du monde, et le dernier dimanche de novembre, un marché du foie gras.

Page de gauche
Le jardin, créé au début du XXe siècle par le peintre Henri Le Sidaner. Pour lui donner son unité, il s'est appuyé sur les dénivelés du terrain et le reste des remparts.

Au carrefour de deux ruelles pavées, la « maison bleue » date de 1691. Véritable petit joyaux avec ses volets, ses portes et ses colombages bleus, ornée d'un admirable rosier grimpant, elle est l'emblème du village et renferme un atelier de céramique.

Les arcades de l'ancienne halle.

Dans les deux ruelles pavées autour desquelles s'organise le village, les maisons basses s'ornent de massifs de roses.

PARFONDEVAL

Paisible, Parfondeval mène la vie d'un village rural en Thiérache. Paris n'est qu'à 180 kilomètres, Saint-Quentin à 75 kilomètres, mais on les croirait au bout du monde, dans un autre monde, bruyant, hyperactif. Ici, dans le calme, on prend son temps et l'on entend ce que dit la nature, on l'écoute, on la respecte. À Parfondeval, comme partout dans cette région, on apprécie d'autant plus la quiétude que, de la guerre de Cent Ans à la Seconde Guerre mondiale, pas un conflit n'a épargné cette contrée au carrefour du Nord, de la Belgique et des Ardennes. Aujourd'hui, partout ce ne sont que prairies où paissent des vaches, champs de maïs et vergers de pommiers. Sur ce fond de verdure, Parfondeval, classé parmi les « Plus Beaux Villages de France », allie douceur de vivre, beauté du paysage et richesse architecturale. Accroché à une colline, il a posé son cœur sur un bel espace gazonné agrémenté d'une jolie mare. « C'est la mare où s'abreuvaient les animaux autrefois ; c'est notre place du village. Il y avait des fermes tout autour et des mares un peu partout », explique Alain Turck, la mémoire du site qui se bat pour l'animer au quotidien. Autour s'organisent d'avenantes maisons de brique rouge et aux toits d'ardoise formant un ensemble très homogène. Leurs façades sont ornées de jolis losanges en briques vernissées de couleur.

Page de gauche
Située en zone frontalière, théâtre de nombreux combats, l'église fortifiée Saint-Médard est dotée d'un gros donjon carré, placé dans le prolongement de la nef.

Adorable maison de brique, typique de Thiérache, croulant sous les fleurs.

Vierge à l'Enfant dans l'église Saint-Médard.

> Une architecture typique, un charme discret pour ce village agricole empreint de quiétude. En son centre, un pur chef-d'œuvre, l'église fortifiée Saint-Médard.

L'habitat s'est regroupé autour de l'église fortifiée Saint-Médard du XVIᵉ siècle, s'érigeant en quelque sorte comme une enceinte autour de l'édifice religieux, auquel on accède par un petit pavillon en forme de porche. Également construite en brique elle possède un portail Renaissance en pierre blanche. Sa tour-donjon est flanquée de deux tours circulaires destinées à protéger le portail. Une arcade en auvent soutient un chemin de ronde. À la moindre alerte, ce système défensif permettait de se barricader. Les gens se réfugiaient dans une salle de sept mètres de côté dissimulée au-dessus du vestibule. « Cette église a été fortifiée à la fin de la guerre de Cent Ans pour protéger la population des bandes de pillards qui sévissaient dans la région », explique Lucien, gardien de l'église et de la mémoire du village, en faisant visiter le bâtiment classé monument historique.

Parfondeval possède également un temple protestant du XIXᵉ siècle qui a sa place dans l'histoire locale. Au début du XVIᵉ siècle, des Parfondevalois allaient participer aux moissons dans la plaine de Meaux. Ils y découvrirent la Bible écrite en français et les idées nouvelles formulées par Luther qui se propageaient. Ce fut le début de la Réforme protestante en Thiérache. Longtemps, le bourg fut divisé en deux, la partie haute était occupée par les catholiques, le bas par les protestants. Mais ce temps est révolu et les deux communautés vivent désormais en excellente intelligence et participent en commun à l'animation de la commune. Une fois par an, une bonne trentaine d'artistes et d'artisans d'art de la Thiérache, du Nord, des Pays-Bas et de la Belgique investissent les granges mises à leur disposition tandis que dix producteurs locaux préparent un déjeuner typique sous deux grands chapiteaux.

La grande majorité des Parfondevalais vit de l'agriculture et rien n'est plus facile que de visiter l'une des dix exploitations laitières comme celle de Jean-Luc Pruvot, une affaire familiale qu'il gère avec son père et son fils, trois générations d'éleveurs sous le même toit. Jean-Luc possède quatre-vingt-dix vaches laitières, toutes sélectionnées avec soin. Il aime élever des stars, des bêtes d'exception, capables de briller dans les concours agricoles et au Salon de l'agriculture. Il a déjà obtenu plusieurs prix.

Le village a conservé son âme paysanne et en est fier. Au pied de l'église, dans sa maison, Lucien a constitué le musée des outils d'antan. Il y en a au moins trois mille. De ses mains marquées par de longues journées à travailler la terre, il caresse la patine des lames et celle des manches. Il en explique l'usage et la façon de les utiliser pour moins se fatiguer. Enfants et adultes l'écoutent avec des étoiles dans les yeux.

Page de gauche
Porche orné de losanges en briques vernissées de couleur sombre formant un agréable contraste avec le rouge du matériau principal.

L'église Saint-Médard dressant la flèche de son clocher au-dessus des prairies et des pommiers, sur fond de verdure.

Intérieur de l'église, vue de la nef dont la charpente est boisée.

Poitou-Charentes

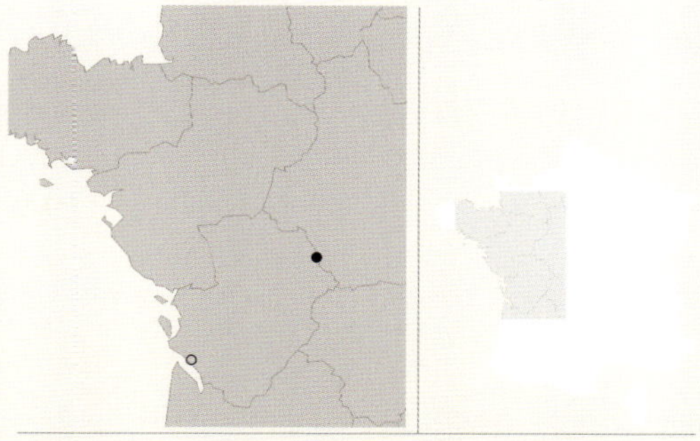

● Angles-sur-l'Anglin ○ Talmont-sur-Gironde

De l'ouest de la Charente aux confins de la Vienne, du fin fond des Deux-Sèvres au littoral de la Charente-Maritime, le Poitou-Charentes offre un kaléidoscope d'agréables paysages. Des campagnes vallonnées de la Vienne à la côte atlantique en passant par le mystérieux marais poitevin, le bonheur de découvrir est là. Il suffit de marcher un peu, d'enfourcher un vélo ou de rencontrer dans un pré un âne du Poitou réputé pour sa robustesse et sa gentillesse. Il suffit d'embarquer sur une gabarre et de se laisser porter sur la Charente jusqu'à l'océan en passant par Jarnac et Cognac. Partout, la nourriture vient du terroir : beurre de Poitou-Charentes, fromage de Chabichou, agneau du Poitou, volailles du val de Sèvres, melon du Haut-Poitou, poisson en quantité, qu'il soit pêché dans les rivières ou dans l'océan, et les huîtres de Marennes, sans compter les vins du Haut-Poitou ou du Thouarsais et le fameux pineau des Charentes. Il suffit aussi de prendre son bâton de pèlerin et d'aller à la rencontre des merveilles romanes égrenées sur la route de Saint-Jacques de Compostelle. Poitiers, La Rochelle, Niort, Angoulême, Châtellerault, Rochefort, Royan, toutes ces villes racontent leur passé dans la pierre. Bourgs et villages ne sont pas en reste. Le cardinal de Richelieu a laissé son empreinte à Richelieu et Brouage. À la fois festive et secrète, rurale et balnéaire, rustique et moderne, la région Poitou-Charentes autorise tous les rêves. Une escapade au Futuroscope, et nous voilà dans la troisième dimension, prêts à prendre le large à Ré ou à Oléron à défaut de voyage dans l'espace. Partout opère une magie qui ne doit rien au hasard. C'est la région de Mélusine, la fée dont le nom signifie « merveille ».

Page de gauche
Maison maraîchine typique au bord de la Sèvre niortaise qui descend dans le marais poitevin.

Chapelet de galets ramassés sur la plage suspendu à une porte (île de Ré). Race très ancienne, l'âne du Poitou possède un pelage d'une longueur inhabituelle chez un équidé. Le chabichou, fromage de chèvre à pâte molle de forme cylindrique, produit en Poitou, bénéficie d'une AOC.

ANGLES-SUR-L'ANGLIN

Aux confins du Berry, de la Touraine et du Poitou, à Angles-sur-l'Anglin, le maire a été élu pour ses qualités de gestionnaire, mais aussi parce qu'il a les doigts verts. Sous la houlette de Bernard Tricoche, les Anglois ont démultiplié le fleurissement de leur commune et l'ont adapté à son architecture qu'elle met en valeur. Rien de nouveau en fait. Juste une tradition qui s'affirme.

Les trois cent quatre-vingt-cinq Anglois aiment leur village qui doit son nom à la tribu saxonne des Angles. Celle-ci envahit l'Angleterre au ve siècle puis, après être devenue celle des Anglais, attaque la France pendant la guerre de Cent Ans. Ayant défait la France à Crécy en 1346, ceux-là se livrent à des raids annuels qui les conduisent jusqu'en Périgord et passent à l'occasion par Angles-sur-l'Anglin. Il s'y trouve la riche abbaye Sainte-Croix dont il subsiste l'église. Sur la falaise abrupte qui domine la vallée de l'Anglin, il y a bien une forteresse depuis le xie siècle. Redoutable sans doute, mais quand il y a un butin à saisir… En 1356, après l'humiliante défaite du roi de France Jean II le Bon à Poitiers, à quarante trois kilomètres à peine, la situation empire.

Page de gauche
La chapelle Sainte-Croix possède un beau portail du XIIe siècle et une partie de l'ancienne abbaye ravagée par les protestants lors des guerres de religion.

Au carrefour de trois provinces, la ville haute est fièrement campée sur sa falaise tandis que la ville basse occupe les deux rives de sa rivière, Angles-sur-l'Anglin a conservé son caractère médiéval.

« Quelques femmes perpétuent encore la tradition des Jours d'Angles, ces broderies raffinées qui firent la renommée du village à la Belle Époque. »

Adossé à la falaise, le vieux moulin banal a conservé sa roue qui continue à tourner sur l'Anglin.

Page de droite
Depuis le XIe siècle, le vieux château surveille la frontière orientale du Poitou.

Travail minutieux des ajoureuses, qui comptent les fils pour réaliser les jours d'Angles, qui ornèrent longtemps les nappes de l'Élysée.

Le roi est prisonnier, une rançon de quatre millions d'écus d'or doit être payée. Des négociations s'ouvrent. Guichard IV d'Oyré défend alors la forteresse d'Angles pour le compte de l'évêque de Poitiers qui en est le seigneur. À la demande de son roi prisonnier, il passe sous les ordres du prince Noir, fils aîné du roi d'Angleterre, à qui il livre la forteresse et qu'il sert avec dévouement. Il en reçoit l'ordre de la Jarretière et devient le gouverneur des fils du prince. Enrichi, il embellit son château qui devient « le château Guichard ». En 1372, Bertrand du Guesclin le reprend aux Anglais.

Les guerres de Religion ne l'épargnèrent pas davantage. Les huguenots de Coligny s'en emparent en 1567, les ligueurs le reprennent en 1591. Château, église, abbaye, village sont pillés. À la Révolution, le château est déclaré carrière publique. Mais le bois de charpente ayant été enlevé, la pierre se révèle difficile à atteindre et la destruction s'arrête. Bien communal depuis 1986, il est devenu un atout pacifique et débonnaire du tourisme local. Ces avatars n'ont pas empêché la réelle prospérité du bourg aux XVIe et XVIIe siècles. Situé au carrefour de trois provinces, nanti d'une rivière, l'Anglin, sur laquelle tourne toujours la roue du moulin banal, il jouissait de marchés et de foires réputées où s'écoulaient les produits du terroir, du blé en particulier, à l'origine du broyé du Poitou, grosse galette que par tradition on casse d'un coup de poing en son centre.

Au XIXe siècle, Angles renforce sa célébrité grâce à ses brodeuses. Elles inventent une technique nouvelle, un jour qu'elles ont réalisé jusque dans les années 1960 pour les grands couturiers, pour les nappes de l'Élysée et celles du paquebot *France*.

Angles a retrouvé une nouvelle jeunesse. Il a conservé son école. Des bars et des restaurants y sont ouverts à l'année. Les touristes y viennent pour découvrir la ville haute et la ville basse, ses venelles et ses maisons anciennes, pour se restaurer à l'ombre des tilleuls de la place principale. Ils arrivent en voiture, en vélo, à pied par le chemin de randonnée ou en canoë par l'Anglin. Ils sont aussi attirés par le roc aux Sorciers, l'un des plus importants sites d'habitat et d'art magdalénien. Comme Geneviève Pinçon, qui en est la conservatrice, et Oscar Fuentes, qui s'occupe du centre d'interprétation du roc, ils sont fascinés par cet abri sous roche où les Magdaléniens ont sculpté, gravé et peint des figures humaines et animalières très réalistes, il y a 15 000 ans.

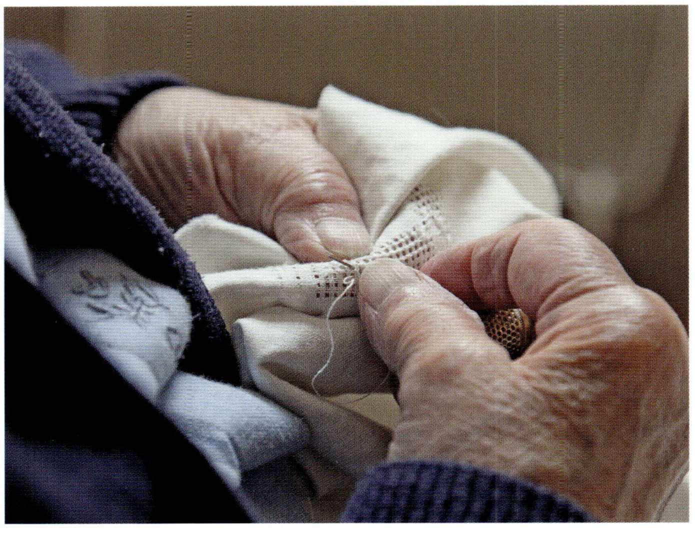

JEANINE PORTE,
issue d'une famille de brodeuses
et brodeuse elle-même, explique : « Il faut tirer les fils puis consolider le jour obtenu par des points spéciaux. » Avec cinq amies de l'association Sauvegarde et rayonnement des jours d'Angles, elle œuvre à la continuité de ce patrimoine menacé, mais auquel s'initient de plus en plus de brodeuses amatrices : cours d'initiation possibles tous les après-midis.

L'église Sainte-Radegonde, dite « au péril des flots », est campée bien droite face à l'estuaire de la Gironde. Presque adossé à ses remparts, un carrelet est prêt pour la pêche.

Page de droite
Au détour d'une rue, sur une porte, un heurtoir ouvragé en fer forgé aux formes élégantes.

Les maisons aux façades blanches et volets bleus sont constituées d'un rez-de-chaussée et d'un étage plus modeste dont les fenêtres s'arrêtent au toit.

Pages suivantes
Surplombant l'estuaire entouré de remparts, Talmont-sur-Gironde a conservé son plan originel de bastide, ses rues et ses ruelles se coupant à angles droits.

TALMONT-SUR-GIRONDE

À vingt minutes de Royan, Talmont-sur-Gironde est à la fois une étape et une fin en soi. Ceinturée de remparts, surgie des flots, la petite ville invite à faire une halte sur la route de Bordeaux, comme autrefois elle suggérait aux pèlerins marchant en direction de Saint-Jacques-de-Compostelle de prendre le temps de se rafraîchir, de souffler avant de reprendre leurs bâtons. Une fin parce que la route peut s'arrêter là, au bout de la presqu'île, dans cette cité close née en 1284 de la volonté d'Édouard Ier d'Angleterre. D'elle, l'écrivain charentais, Jacques Chardonne disait : « Ici, tout est silence, illuminations de murs blancs et de hautes fleurs rosées. »

Surplombant l'estuaire de la Gironde, elle a conservé son plan originel de bastide. Il faut la traverser à pied pour s'imprégner du charme douillet de ses rues et de ses venelles se coupant à angle droit et dont le tracé originel demeure inchangé. Ses maisons aux façades blanches et volets bleus, constituées d'un rez-de-chaussée et d'un étage plus modeste, dont les petites fenêtres s'arrêtent aux toits, s'abritent derrière des rangées de roses trémières. Qu'ils passent ou pas par la place centrale où est planté un tilleul centenaire, tous ces chemins mènent à l'église Sainte-Radegonde, symbole de la Région Poitou-Charentes, dite « au péril des flots ». Fièrement ramassée sur elle-même, campée bien droite face à l'estuaire de la Gironde, elle fait face aux flots et au ciel. Édifiée par des moines venus de Saint-Jean-d'Angély, de pur style roman saintongeais, elle a été fortifiée à la fin du XIIIe siècle et conserve une bonne part de ses remparts. Un petit cimetière marin se tient près d'elle sur la falaise. Des fleurs sauvages y poussent en liberté. Il abrite plusieurs cénotaphes, témoins d'un renouveau de l'art funéraire au XVIIIe siècle. Ensemble, église et cimetière affrontent l'éternité, ses mystères et ses silences.

> « N'hésitez pas à parcourir le village l'été à la nuit tombée, lorsqu'il est éclairé aux bougies. »

De Sainte-Radegonde, un peu à l'écart vers le sud, on aperçoit la falaise blanche du Caillaud et de jolies cabanes de pêche sur pilotis : « les carrelets », dont le nom vient du filet carré que les pêcheurs mettent à l'eau. Ces pêcheries existent depuis une bonne centaine d'années. Si l'on veut y être invité, y passer une soirée ou une journée, il n'y a qu'une possibilité, être l'ami d'un heureux propriétaire. Odette, qui fait partie de ces chanceux, résume la vie dans ces maisonnettes : « Pas besoin de téléphone, pas de télé. Rien ! La nature, le repos, les oiseaux et le soleil. Et puis la pêche, une pêche de loisir qui est la plus écologique, car lorsque le poisson est trop petit, on le remet à l'eau. »

À Talmont, chacun savoure son bonheur à sa façon. Christine tient un commerce dans le village, mais elle est aussi musicienne et poète. « Quand on crée, on a besoin de tout ça », dit-elle en montrant d'un geste large son environnement. « Tout ce que j'écris, je le dois à Talmont, à ce village tel qu'il est, à la nature partout ici présente, aux vignes qui ne sont pas loin. La vie est faite pour qu'on l'aime, jour de brouillard ou matin blême. Seuls, nous ne pouvons gérer le temps, à nous de bien vivre l'instant. » En fin de journée, une « yole », le bateau traditionnel des pêcheurs de l'estuaire, rentre au port. C'est Tutu, le pêcheur connu de tous. La pêche a été bonne. Le marché au poisson se tient à même le quai.

Pour clore une journée bien remplie, rien de tel qu'une balade sur le front de mer. Yannick profite chaque jour de ce grand bol d'air : « Je me retrouve là, tout seul devant des couchers de soleil magnifiques. Je me dis que j'ai une chance inouïe et que pour rien au monde je ne voudrais vivre ailleurs. »

Dans une paisible ruelle, les façades blanches des maisons s'abritent derrière des haies de roses trémières.

L'église Saint-Radegonde, entourée de son cimetière marin.

Modillon sculpté sur le chevet de l'église. Tête d'animal féroce.

Les filets levés, les carrelets sur les falaises du Caillaud : la mer, le repos, le soleil et une pêche de loisir.

Provence-Alpes Côte-d'Azur

● Les Baux-de-Provence ○ Moustiers-Sainte-Marie

Provence-Alpes-Côte-d'Azur est un *eldorado* qui n'en finit pas d'être à la mode. Bimbos et jet-setters s'y ruent en été. Ils grillent sur les plages, plongent en eau profonde, s'offrent des nuits blanches et des rêves pour l'année. Cannes, avec son cinéma, son festival et ses stars, leur ouvre la saison. C'est un joyeux et temporaire melting-pot international qui envahit cette région où le soleil et l'eau sont rois. Adossée aux Préalpes, ourlée par la Méditerranée, bordée par le Rhône à la légendaire puissance, la Région Provence-Alpes-Côte-d'Azur est depuis la plus haute Antiquité une « terre bénie des dieux ». De tout temps, elle a été une destination, un lieu où jeunes et moins jeunes viennent se fixer pour couler des jours heureux. Il en résulte une forte concentration de population sur une bande étroite qui s'étend des vallées du Rhône et de la Durance à l'Italie. Marseille, port tourné vers l'Afrique et le Moyen-Orient, capitale européenne de la culture 2013 et Nice, seconde ville la plus peuplée, assurent le dynamisme régional. Avignon draine depuis plus d'un demi-siècle les amateurs de théâtre. La cité s'y prête avec son pont, ses papes en leur palais et leur mule qu'Alphonse Daudet a mise en scène depuis son moulin. Arles, ses arènes et sa statue de Frédéric Mistral, diffuse en permanence un parfum de Provence. Aix-en-Provence, où le roi René établit sa capitale, où Cézanne naquit, doit aussi sa réputation au cours Mirabeau ombragé et aux terrasses de ses cafés. Toulon, au pied du mont Faron, avec sa rade et son arsenal, plus grand port militaire français, compte des centres de recherche internationaux. À l'intérieur des terres, le Lubéron s'étend entre Cavaillon et Manosque. La combe de Lourmarin, chère à Camus, le divise en deux. À l'ouest, son relief se rapproche de celui des Alpilles. À l'est, sur les coteaux, de splendides villages attirent peintres, écrivains et artistes.

Page de gauche
Champ de lavandin, hybride de deux types de lavande, sur le plateau de Valensole. Du vert au mauve, il doit une partie de sa beauté au travail de l'homme qui a creusé et planté les sillons.

Voilier traditionnel dans le petit port de Saint-Tropez. À Nice, sur la colline de Cimiez, façade italianisante d'un immeuble cossu. Aux Saintes-Marie-de-la-Mer, des chevaux camarguais au grand galop.

LES BAUX-DE-PROVENCE

Au cœur du parc naturel régional des Alpilles, les Baux-de-Provence possèdent le charme et le parfum qui les distingue entre tous les villages provençaux. À leur propos, l'écrivain André Suarès écrivait au sculpteur Antoine Bourdelle : « Je ne sais pas de lieu plus admirable que les Baux. Ce paysage nous sépare de tout ce qui nous offense. » Dressés sur un éperon rocheux, dominés par un imposant château fort, ils sont une citadelle de pierre qui règnent sur un paysage de vignes et d'oliviers, inondé de soleil trois cents jours par an.

Station classée « Site remarquable du goût », « Plus Beaux Villages de France », Les Baux alignent les titres de noblesse de leur incontestable beauté. Dès le XIe siècle, ce nid d'aigle qui permet d'observer les environs et de se protéger est couronné de fortifications. Au XIIIe siècle, Hugues et Barral des Baux, seigneurs des lieux, les assortissent d'un donjon et de quelques bâtiments d'habitation. Barral des Baux entend ainsi montrer la puissance de sa lignée. Mais à la fin du Moyen Âge, à la mort d'Alix, dernière princesse des Baux, le château médiéval, qui avait si souvent été utilisé contre l'autorité, est saisi par Louis III, roi de Sicile et comte de Provence. Le bourg et les terres baussenques entrent dans le domaine royal lorsque la Provence est rattachée à la couronne de France sous Louis XI, qui ordonne le démantèlement de la forteresse en 1483. Cependant, magnanime, il laisse aux Baux leurs coutumes, franchises et prérogatives.

En 1642, Louis XIII donne la seigneurie des Baux à Hercule Grimaldi. Celui-ci transmet à ses descendants le titre de marquis des Baux, dont le prince Albert II de Monaco est l'actuel titulaire. Alors qu'on y dénombrait trois mille habitants au XIIIe siècle, les Baux n'en comptaient plus que quatre cents à la fin du XIXe.

Page de gauche
Sur la place ombragée de cyprès, la chapelle des Pénitents blancs, construite au XVIIe siècle par les membres de cette confrérie et l'église Saint-Vincent, romane, de forme presque carrée, dominent du haut de la falaise le riant vallon de la Fontaine.

Du haut des remparts en ruines, découvrez un panorama éblouissant : la plaine de Tarascon, vers Arles, et la Camargue.

Pages suivantes
Au pied de la citadelle, le paysage est grandiose et minéral. C'est le val d'Enfer, creusé dans la roche par l'érosion hydraulique.

Les santonniers continuent à créer leurs petits personnages d'argile. Dans l'ancien corps de garde de la porte d'Eyguières, un musée en met en scène plusieurs collections.

Porte Renaissance de l'hôtel Jean-de-Brion, restauré par Louis Jou, éditeur, typographe et graveur, ami des plus grands auteurs du xxe siècle, dont on visite l'atelier et la très riche bibliothèque.

Détente en musique après la visite.

Page de droite
« Post Tenebras Lux », (après les ténèbres, la lumière). Cette devise calviniste est gravée sur une fenêtre Renaissance, seul vestige d'une importante demeure datée de 1571 (dite logis de Brisson-Peyre) qui servit vraisemblablement de temple protestant.

« Cette forteresse de pierre est un musée à ciel ouvert ! J'y apprécie aussi son panorama et ses saveurs provençales. »

Aujourd'hui, dans la partie historique, il n'y a plus que dix-neuf résidents. Jean-Benoît Hugues, producteur d'olives, les connaît tous. Il aime s'arrêter place Louis Jou à la terrasse du relais de la Porte Eyguières, tenu par Mme Chabanier, dont la famille habite aux Baux depuis quatre cents ans.

Au lendemain de la Seconde Guerre mondiale, Les Baux-de-Provence entament une nouvelle carrière. Le village se découvre une vocation touristique et culturelle. Raymond Thuillier y ouvre en 1947 le célébrissime Oustau de Baumanière, où se succèdent les grands de ce monde et les people. Brad Pitt et Angelina Jolie, Johnny Depp, Frédéric Dard, André Malraux – qui, en 1966, par décret, a placé l'ensemble de la commune sous la protection du ministère de la Culture et de l'Environnement – la reine Élisabeth, Bono… À l'heure actuelle, il est dirigé par Jean-André Charial, petit-fils de son fondateur. Il a confié les fourneaux à Sylvestre Wahid, un chef remarquable né au Pakistan.

Michel Drucker, qui passe toutes ses vacances dans la région, y vient en vélo. Beaucoup de festivaliers consacrent au moins une journée aux Baux, situés à trente kilomètres d'Avignon. Ils aiment arpenter les ruelles médiévales, découvrir à pas lents les vingt-deux monuments classés et les trésors qu'ils recèlent : l'église Saint-Vincent, à la fois romane et Renaissance, ses beaux vitraux de Max Ingrand, la fenêtre Renaissance *Post Tenebras Lux*, témoignage émouvant de l'influence huguenote, les hôtels particuliers des XVIe et XVIIe siècles qui accueillent des galeries d'art et des musées, le musée Yves Brayer, le musée des Santons … et la mairie qui occupe l'ancien hôtel de Manville.

Hautes de quatorze mètres, les monumentales carrières de Lumières proposent des spectacles multimédia exceptionnels. Ces émotions méritent d'être prolongées par une promenade dans le val d'Enfer. En contrebas du village, il présente une succession d'étranges et fantastiques formes rocheuses. La tradition veut que Dante se soit inspiré de son décor pour décrire l'Enfer de *la Divine Comédie*. Cocteau y a campé son film, *Le Testament d'Orphée*. Frédéric Mistral y fait transporter par Mireille son amoureux blessé, Vincent. Une sorcière, dont les philtres guérisseurs sont réputés, habite la grotte de Taven, une excavation qui s'ouvre par un goulet. Il n'est donc pas étonnant que les Baux-de-Provence reçoivent plus d'un million et demi de visiteurs par an.

MOUSTIERS-SAINTE-MARIE

Dans les Alpes de Haute-Provence, à l'entrée des gorges du Verdon, Moustiers-Sainte-Marie étage ses maisons sur fond de ciel bleu. Adossé à la falaise, classé « Plus Beaux Villages de France », il s'est posé à la croisée du grand canyon du Verdon et de la route de la Lavande, qui traverse le plateau de Valensole. Au cœur du parc naturel régional du Verdon, tout près du lac artificiel de Sainte-Croix mis en eau en 1974, séparé en deux par le vallon de l'Adou, il alterne ruelles étroites, passages voûtés, placettes, lavoirs, fontaines et petits ponts en dos-d'âne. Les maisons anciennes à encorbellement et toits de tuile côtoient des demeures du XVIIIe siècle dans lesquelles on entre par de très belles portes en bois. « Nulle part ailleurs vous n'avez à la fois le vert des gorges du Verdon, la nature, la lavande, les pierres », dit Alain Ducasse, le chef le plus étoilé au monde, qui a eu un coup de cœur pour « ce lieu béni des Dieux… il y a bien longtemps ».

C'est de la chapelle Notre-Dame-de-Beauvoir qu'il faut considérer Moustiers si l'on veut en avoir la meilleure vue. On l'atteint par un escalier de 262 marches (autrefois 365), jalonnées d'oratoires illuminés la nuit et d'un chemin de croix. C'était, au Moyen Âge, un « sanctuaire à répit », un lieu saint consacré à la Vierge dont l'intercession est nécessaire pour obtenir un miracle. Selon la croyance populaire des catholiques provençaux, « le répit » est, chez un enfant mort-né, le retour à la vie pour un temps très court qui permet de lui administer le baptême avant la mort définitive. Baptisé, l'enfant pourra entrer au paradis qui, sinon, lui aurait été interdit.

Bien que reconnu comme l'un des plus beaux villages de France, Moustiers ne doit pas sa réputation mondiale à sa beauté, mais à ses faïences. Très prisées par la noblesse française aux XVIIe et XVIIIe siècles, ces belles pièces d'alors font le bonheur des antiquaires et des collectionneurs actuels. La tradition veut qu'un moine venu d'Italie ait appris à un potier le secret du bel émail blanc laiteux qui, avec le bleu dit de « Moustiers », fit la renommée de cette production. Quoi qu'il en soit, elle n'aurait pas pu s'installer et fructifier sans l'argile, l'eau et le bois que les potiers trouvèrent sur place. Au début du XIXe siècle, l'apparition de la porcelaine de Limoges et l'arrivée des faïences fines anglaises la privèrent de son marché. Le dernier four s'éteignit à Moustiers en 1874, mais fut rallumé dès 1927 et, à l'heure actuelle, une quinzaine d'ateliers fonctionnent au village. Christine est fille de faïencier et faïencière elle-même : « Je dis souvent que je suis née dans un pot, ici, dans l'atelier, ma sœur aussi.

Page de gauche
Aux portes des gorges du Verdon, face au plateau de Valensole, entre deux pans d'une montagne, le village a posé ses maisons en amphithéâtre.

Portail de la chapelle Notre-Dame-de-Beauvoir que l'on atteint par un escalier de 262 marches.

Véritables labyrinthes, les ruelles étroites se faufilent à l'ombre des maisons aux façades ocre.

On y a grandi. Ce métier était donc pour moi une évidence », dit-elle en soulignant la finesse des décors peint à la main. Estampage, tournage, émaillage, décor à main levée, Franck Scherer, maître faïencier de l'atelier du Soleil, explique les étapes d'un travail immuable et de haute précision.

Chaque année, des milliers de visiteurs venus du monde entier quittent la région avec une ou plusieurs assiettes ou plats, des pots ou des soupières. Ils en repartent aussi avec le souvenir ébloui d'une étoile suspendue à une chaîne dorée de 135 mètres de long, accrochée entre deux rochers à 250 mètres de haut, depuis des siècles. C'est l'emblème du village, dont l'origine reste un mystère. Une légende raconte que le chevalier de Blacas, parti à la croisade, fut fait prisonnier par des Sarrasins. Il fit alors le vœu, s'il retrouvait la liberté, de placer une étoile suspendue à une chaîne près de la chapelle Notre-Dame-de-Beauvoir. De retour à Moustiers, il aurait accompli son vœu. Sceptiques, les habitants de Moustiers disent : « On ne sait pas exactement pourquoi elle est pendue là. Elle tombe à peu près deux fois par siècle. Elle est tellement importante que, quand elle tombe, c'est toute une cérémonie pour la réinstaller. Quand elle disparaît, on se sent tout nu, on perd quelque chose. »

Est-ce l'étoile qui inspire Marie-Ange lorsqu'elle réalise ses délicieux biscuits en forme d'étoile ? « Je travaille avec un maximum de produits locaux, lavande, amandes du plateau, miel, œufs frais », explique-t-elle. Une façon de faire qui enchante Alain Ducasse, « le monde extérieur n'a pas encore d'emprise sur Moustiers. C'est sa qualité et sa différence », constate-t-il.

“ Un village animé, vivant, où l’artisanat a su renaître. Un site magnifié également par sa proximité avec le lac de Sainte-Croix situé au pied des gorges du Verdon. ”

Page de gauche
À la croisée des grandioses gorges du Verdon et de la route de la Lavande, blotti contre un escarpement rocheux, Moustiers est souvent comparé à une crèche avec son étoile suspendue dans le vide à 250 mètres de haut.

Où mène l’étroit escalier à pic ? De petites places en ruelles et escaliers, on parvient à la place de l’église, cœur du village.

Senteurs et douceurs, la boutique a l’âme provençale.

Peintures à l’oxyde métallique pour les faïences. Mélangés à de l’eau, les oxydes déterminent les couleurs finales : cuivre pour le vert, fer pour le jaune, manganèse pour le brun et le noir, cobalt pour le bleu...

Rhône-Alpes

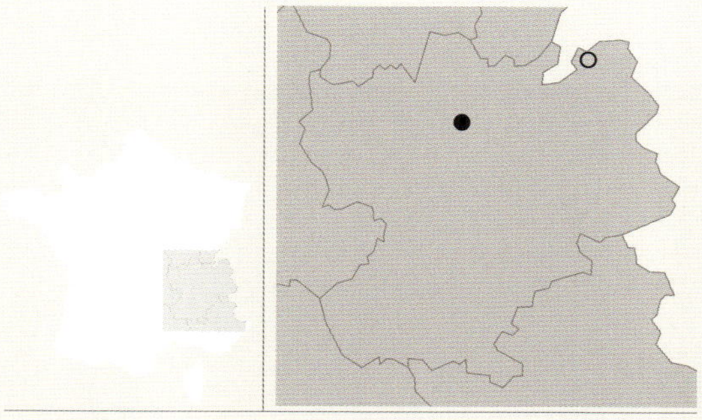

● Pérouges ○ Yvoire

Grossi de ses nombreux affluents, le Rhône offre sa solide colonne vertébrale aux huit départements de la Région Rhône-Alpes et lui donne une relative unité. Les Alpes aux sommets acérés, le Jura aux élancements plus modestes, et le Massif central plus doux occupent les trois quarts de son territoire. Il en résulte des paysages variés et d'immenses domaines skiables. Les jeux Olympiques d'hiver s'y sont tenus à trois reprises, à Chamonix en 1924, à Grenoble en 1968 et à Albertville en 1992. En été, lacs et barrages-réservoirs, en particulier dans le Dauphiné et en Savoie, jouent un rôle régulateur non négligeable dans l'alimentation en eau des villes et des campagnes. Ils attirent aussi pêcheurs et randonneurs. Aux environs d'Annecy, en Isère, dans la Tarentaise et le Vercors, torrents et rivières autorisent les descentes en rafting ou du canyoning. À Lyon, la Saône épouse le Rhône. De cette union au cœur de l'agglomération sont nés deux mille ans de dynamisme inscrits dans la pierre, couronnés par l'Unesco qui, en 1988, a inscrit le site à son patrimoine mondial : le vieux Lyon renferme l'un des plus vastes ensembles d'architecture Renaissance d'Europe. Une gastronomie exemplaire s'y est développée, portée pendant des centaines d'années par les « mères » lyonnaises et soutenue par les vins du Beaujolais. Les frères Lumière y ont inventé le septième art. Guignol, né de l'imagination d'un canut arracheur de dents, en est parti avec ses amis Gnafron et Madelon à la conquête de l'univers. Rhône-Alpes compte cinq scènes théâtrales nationales et autant de centres dramatiques nationaux, dont le TNP de Villeurbanne, des musées, des festivals – de jazz à Vienne, de l'humour à Chamrousse –, Biennale de la danse à Lyon, du design à Saint-Étienne à la renommée internationale, mais elle demeure très attachée à ses fêtes traditionnelles, laïques ou religieuses, qui rythment les saisons.

Page de gauche
Au cœur du massif de la Vanoise, à Courchevel, chalet savoyard avec vue sur le pic du Grand Bec (3 398 mètres).

Guignol, marionnette créée à Lyon en 1808 par Laurent Mourguet.
Paysage verdoyant, surplombant la vallée de la Valserine dans le parc naturel régional du Haut-Jura.
Rafting en eaux vives.

La très renommée Hostellerie du Vieux Pérouges, où Bill Clinton a dégusté une galette au sucre de Pérouges, en faisant une entorse gourmande à son régime.

Page de droite
La rue du Prince, pavée de galets, relie la place de l'église et la porte d'En-Haut à la place de la Halle.

L'église forteresse Sainte-Marie-Madeleine, du XVe siècle, domine le village.

PÉROUGES

Savez-vous marcher à la mode de Pérouges où on marche comme nulle part ailleurs ? Dès que l'on franchit la porte d'En-Haut – intacte – on change de pas, car on avance sur des têtes de chat. Ce sont des galets de la plaine de l'Ain qui pavent les rues comme au Moyen Âge.

À Pérouges, le temps n'a pas eu de prise. On a beau être à quarante-six kilomètres de Lyon, la cité demeure médiévale avec son église forteresse près de la porte d'En-Haut, sa promenade des Terreaux qui suit le tracé de l'ancien fossé, sa rue des Princes et celle des Rondes d'où partent des ruelles convergeant sur la place des Halles ombragée par un tilleul bicentenaire planté à la Révolution. Là sont réunies la maison du Petit-Saint-Georges, et l'hostellerie. Plus loin, la tour de guet de la maison des Princes de Savoie offre une belle vue sur le site et ses environs. De belles et intéressantes façades à colombages ornent chaque rue. Rue des Contreforts se tiennent la maison des Dîmes et celle du Pressoir. Et que dire de la maison Thibaut, de celle du Sergent de justice, du grenier à sel et de celle de Côme Ferran ?

D'une minute à l'autre on s'attend à voir surgir des clercs, un moine, un légiste, un noble, des bourgeois et des paysans, en cottes et surcots à manches longues, chacun signalant son appartenance sociale par son habit. Il n'est donc pas étonnant que plusieurs réalisateurs aient investi ce décor. Les tournages d'*Angélique Marquise des anges* ou de *Monsieur Vincent* ont laissé des souvenirs impérissables. Celui des *Trois Mousquetaires,* avec Mylène Demongeot, a marqué Georges et Marie-Jo. « La production avait besoin de beaucoup de figurants et a fait appel à la population qui a volontiers accepté. Elle payait chaque figurant 10 francs. Elle avait également besoin de bovins. Chaque vache était payée 20 francs, soit le double des personnes. »

“Un village fortifié, mais sans château ! Les amoureux des vieilles pierres y apprécieront la restauration exemplaire des demeures de ce petit joyau d’architecture médiévale.”

Pérouges, classé parmi les « Plus Beaux Villages de France », devrait son nom à Perugia, ville d'Italie d'où seraient issus ses fondateurs. Ils l'installèrent sur une butte facilement défendable au carrefour d'un axe marchand majeur, dominant la plaine de l'Ain, au bord du plateau de la Dombes dont il est devenu l'âme. Sa position élevée le mettait un peu à l'abri des fièvres qui emportaient beaucoup de monde dans ce pays couvert d'étangs et qu'on ne savait pas soigner. Situé aux confins de la France, de la Savoie et du Dauphiné, il devint vite un enjeu stratégique pour les deux provinces qui l'assiégèrent tour à tour, sans réussir à prendre le bourg. Dès le XIVe siècle, il servit de place forte aux ducs de Savoie. Pour récompenser sa fidélité, ils lui accordèrent des chartes de franchise dès le XIIe siècle. En 1601, le rattachement de la Bresse et du Bugey à la France lui ôta son importance de sentinelle sur la frontière. Il se tourna alors vers la culture du chanvre et du lin et le tissage de toiles, en activité depuis le XVe siècle, qui firent sa prospérité et sa renommée. La révolution industrielle fut fatale à ce dynamisme et la population déserta la vieille citadelle. Édouard Herriot, maire de Lyon, s'en émut. En 1911, il prit la présidence du Comité de sauvegarde et de défense du vieux Pérouges et œuvra beaucoup pour sa résurrection.

Depuis, Pérouges a mis ses immenses atouts au service du tourisme. Des artisans d'art s'y sont installés, un musée comportant une collection d'objets de la vie quotidienne a été créé, des restaurants se sont ouverts, dont la très renommée Hostellerie. Les poulardes de Bresse y sont à l'honneur. Mais la grande spécialité locale demeure la galette au sucre de Pérouges. « Au début du XXe siècle, on cuisait le pain tous les vendredis dans le four du village. On en profitait pour y glisser des galettes. Il y faut du beurre, du beurre et du beurre. Du sucre, du sucre et du sucre. Puis de la crème et encore de la crème. Mais c'est léger. Le secret de sa réussite est dans sa cuisson », dit Georges, propriétaire du restaurant où Bill Clinton s'est attablé à l'occasion d'un G7 qui se tenait à Lyon. « Ce fut très compliqué parce qu'il était au régime. Il nous fallait faire un menu sans crème, sans beurre, sans alcool. Pour un Bressan, c'est impossible. Mais il a dérogé, il a pris un peu de crème avec la galette au sucre. »

Page de gauche
Escalier de pierre menant au premier étage d'une maison dans la rue des Princes. La parcourir c'est revenir au Moyen Âge tant tout y semble inchangé.

La tarte au sucre spécialité de Pérouges. Il y faut du beurre, du beurre et du beurre. Du sucre, du sucre et du sucre. Sa réussite tient dans la cuisson.

Écheveaux de laine sur le rouet dans la salle de tissage du musée du Vieux Pérouges, qui présente des meubles traditionnels et des objets retraçant la vie d'autrefois en Bresse.

La porte d'En-Haut, passage dans l'enceinte fortifiée, principale entrée dans la cité.

YVOIRE

Au sud de Thonon, sur une presqu'île, cerné comme autrefois par ses remparts du XIVe siècle, Yvoire domine le lac Léman. Dès 1306, en guerre avec ses voisin les seigneurs du Dauphiné et du Genevois, le comte Amédée V de Savoie repère le site et y fait édifier une forteresse sur l'emplacement d'une ancienne seigneurie. Yvoire devient la sentinelle du Léman et tient son rôle à merveille, ce qui, au bout de quinze ans, vaut une récompense à ses habitants : ils bénéficient de « franchises » en 1324, soit des libertés assorties d'avantages financiers.

Si le village traverse le Moyen Âge sans grand dommage, la Renaissance se montre cruelle avec lui. Français et Genevois le ravagent et brûlent le château qui restera sans toit pendant 350 ans. Mais miraculeusement, les remparts, les portes, les fossés, les maisons du bourg

sont parvenus indemnes jusqu'à nous. Son église, dédiée à saint Pancrace, probablement du XIIe siècle, fut transformée à plusieurs reprises. Son clocher actuel, construit entre 1854 et 1856, est un clocher à bulbe caractéristique de l'architecture savoyarde de la deuxième moitié du XIXe siècle. Le fer étamé qui le recouvrait initialement a été remplacé en 1989 par de l'acier inoxydable. Le coq et la boule qui occupent son sommet sont dorés à la feuille d'or, provenant du village voisin d'Excenevex, qui abrite le dernier batteur d'or de France.

Classé parmi les « Plus Beaux Villages de France », Yvoire est un balcon fleuri sur le lac Léman. Depuis 1959, il participe au concours des villes et villages fleuris et est régulièrement récompensé. Il est parvenu au premier rang avec quatre fleurs et, depuis 1995, est classé au Grand prix national du fleurissement. En 2002, il a représenté la France au Concours européen du fleurissement et a obtenu le Trophée international des paysagistes et horticulteurs. Tant de beauté en font une destination touristique très prisée. Un million de visiteurs le découvrent chaque année, y compris en hiver, quand le vent fait chanter les pierres et que le givre recouvre les berges du lac. Une vingtaine d'artisans, dont un vannier – le seul de Haute-Savoie – y sont plus disponibles pour montrer leur savoir-faire et répondre aux questions.

Page de gauche
Dominant le lac Léman, l'église Saint-Pancrace avec son clocher à bulbe datant de la fin du XIXe siècle.

Vannier tressant un panier, dans son atelier, entouré de ses diverses créations.

Pages suivantes
Le château de la famille d'Yvoire, datant du XIVe siècle, toujours habité par cette famille et le labyrinthe du jardin des Cinq Sens classé « Jardin Remarquable ».

Village fleuri, il a obtenu en 2002 le trophée européen du concours des paysagistes et horticulteurs pour la décoration de ses rues.

L'embarcadère au bord du lac Léman et le ferry à aube *Le Savoie* qui permet de traverser agréablement le lac où d'y faire une balade en observant autrement le paysage.

Page de droite
Le jardin des Cinq Sens, créé il y a vingt-cinq ans, comprend 1 300 espèces de plantes ; certaines fleurs sont à goûter, d'autres ont des odeurs surprenantes.

Au cœur de la cité se dresse un beau château, restauré au début du XXe siècle par la noble famille savoisienne des Bouvier d'Yvoire, qui le détient depuis le XVIIe siècle. Il ne se visite pas, mais ses actuels propriétaires, Yves et Anne-Monique d'Yvoire, qui l'habitent à l'année, descendants de la plus vieille famille du lieu, ont créé il y a vingt-cinq ans le jardin des Cinq Sens, classé « Jardin Remarquable ». « Ce jardin n'était pas utilisé. Le vieux jardinier de mon grand-père étant décédé, nous ne savions pas très bien qu'en faire. Avec ma femme, nous avons eu l'idée de le transformer pour l'ouvrir au public », explique Yves d'Yvoire. Son épouse reprend : « Certes, il fallut prévoir un parking, mais aussi et surtout 1 300 espèces de plantes… Certaines fleurs sont à goûter, d'autres ont des odeurs surprenantes. Il faut en caresser d'autres ; certaines ont la même douceur qu'un doudou. » Depuis quatre ans, le chef jardinier, Mathieu Constant, règne sur « ce jardin atypique où l'on retrouve toute la palette du métier de jardinier ». Il éprouve un réel plaisir à expliquer l'entretien des fleurs et des plantes aux visiteurs généralement avides de conseils. « Je les encourage à utiliser leurs sens. Ici, il ne faut pas hésiter à sentir et à toucher les fleurs et les plantes dont chacune porte son nom sur une étiquette », dit-il.

À Yvoire, le Léman impose sa présence. Après une visite au jardin, une promenade sur sa rive est bienvenue. Elle offre un panorama superbe sur les sommets qui l'entourent. Rien n'empêche d'embarquer à bord de la navette solaire et de naviguer dans le plus grand silence, et en douceur, tout en appréciant le paysage. Pour finir, il faut s'arrêter dans l'un des nombreux restaurants et déguster dans la quiétude des fritures de poissons du lac Léman servies avec une sauce à la crème et au citron. Heureux comme à Yvoire !

« Ce village a tout. Il ressemble à une carte postale, mais loin du cliché, il faut vraiment le découvrir, tant il est féerique. »

LES BONNES ADRESSES

ALSACE

EGUISHEIM

Office de tourisme
Tél. : 03 89 23 40 33
http://www.ot-eguisheim.fr/

Les Amis des Cigognes
Le parc à cigognes est situé à l'ouest, en bordure de la cité médiévale, tout près du camping
10a, rue Pasteur
68420 Eguisheim
Tél. : 03 89 23 18 71

Syndicat viticole d'Eguisheim
Organisation de manifestations destinées à promouvoir les vins d'Alsace
Contacter l'office de tourisme

RIQUEWIHR

Site officiel
http://riquewihr.fr

Office de tourisme du pays de Ribeauvillé et Riquewihr
http://www.ribeauville-riquewihr.com
Tél. : 03 89 73 23 23

Cave
Le plus vieux tonneau du monde toujours en activité
Cave de Hugel & fils
3, rue de la Première-Armée
68340 Riquewihr
Tél. : 03 89 47 92 15
Visite uniquement sur demande, s'adresser aux propriétaires
info@hugel.com
http ://www.hugel.fr

Petit train
SAAT
4, rue Saint-Morand
68150 Ribeauville
Tél. : 03 89 73 74 24
Fax. : 03 89 73 32 94
info@petit-train.com
http://www.petit-train.com

AQUITAINE

BEYNAC-ET-CAZENAC

Office de tourisme intercommunal du Périgord Noir
http://www.cc-perigord-noir.fr
Tél. : 05 53 31 45 45

Point de vue
Depuis le château de Beynac sur les trois châteaux du triangle d'or : Marqueysac, Feyrac et Castelnaud.

Château de Beynac :
http://www.beynac-en-perigord.com/fr/le-chateau.html
Tél. : 05 53 29 50 40

ESPELETTE

Site officiel
http://www.espelette.fr/
Tél. : 05 59 93 95 02

L'église Saint-Étienne
Elle a l'allure d'une forteresse avec ses murs épais et ses contreforts. Son clocher-porche a été construit en 1627. Le corps du bâtiment est, lui, antérieur à cette date. Au centre du retable, datant du XVIIIe siècle, un grand tableau représente la lapidation de saint Étienne.

Syndicat des producteurs de piment
Rue principale
64250 Espelette
Tél. : 05 59 93 88 86
Fax : 05 59 93 88 92
http://www.pimentdespelette.com
Visite libre

Rafting et canoë-kayak sur la Nive
Maison Lasterka
Tél. : 05 59 93 95 02
Mob : 06 19 14 27 53
http://www.nature-riviere.fr

Astoklok : randonnée avec âne porteur
Ferme Belazkabieta
Belazkabietako bidea
64250 Espelette
Tél. : 05 59 52 98 02
Mob : 06 08 78 31 96
http://www.astoklok.com
Ouvert toute l'année
sur réservation

Randonnée pédestre au clair de lune
Belazkabieta
64250 Espelette
Tél. : 05 59 93 95 02
http://www.espelette.fr
D'avril à fin octobre
sur réservation

Atelier du piment
Chemin de l'Église
64250 Espelette
Tél. : 05 59 93 90 21
http://www.atelierdupiment.com
Visite libre

AUVERGNE

BLESLE

Office de tourisme
Tél. : 04 71 76 26 90
http://www.tourismeblesle.fr/

Église Saint-Pierre
L'église romane Saint-Pierre de Blesle a été classée monument historique en 1907. Ouverture tous les jours de 10 heures à 19 heures – Pas de visite pendant le culte.

Musée de la Coiffe
43450 Blesle
Tél. : 04 71 76 27 08
Tél. hors saison : 04 71 76 20 75

Randonnées
17 circuits de petite randonnée, dont certains sont accessibles à VTT.
3 circuits de découverte, 2 dans Blesle et 1 pour découvrir Léotoing.
2 circuits spécialement conçus pour la pratique du VTT.
2 circuits auto d'une demi-journée chacun.
http://www.tourismeblesle.fr/randonnees-blesle-haute-loire_fr.html

SALERS

Office de tourisme
http://www.salers-tourisme.fr/fr/index.aspx
Tél. : 04 71 40 58 08

Vols en montgolfière
Alain Pirot
www.salers-montgolfiere.fr
Tél. : 04 71 40 77 26
Fax : 04 71 40 77 26
Mob : 06 60 96 07 73

Visite d'élevage de vaches salers
http://www.salers-tourisme.fr/fr/visiter-fermes-pays-de-salers.aspx

Carré d'Étoiles
La chaux de Revel
15140 Saint-Martin-Valmeroux
Tél. : 04 71 40 68 10
Mob : 06 71 61 94 47
http ://www.domainedelachauxderevel.com

BASSE-NORMANDIE

BARFLEUR

Site officiel
http://www.ville-barfleur.fr/accueil.html

Maison Paul Signac
Rue Saint Nicolas
50760 Barfleur
Ouvert toute l'année, visite libre

La poterie de Barfleur
Rue du Vast le Cadran
50760 Barfleur
Tél. : 02 33 71 15 92

Les maquereaux marinés d'Odile
Café de France
12 Quai Henri Chardon
50760 Barfleur
Tel : 02 33 54 00 38

LA PERRIÈRE

Office de tourisme Orne
http://www.ornetourisme.com/visites-villes-villages/la-perriere_952.html
Tél. : 02 33 28 88 71

Le Logis de l'Évêque
Imposante bâtisse du XIIe siècle et juste à côté, la massive tour carrée qui autrefois faisait partie de l'ensemble et servait de cachot.
61360 La Perrière
Tél. : 02 33 73 35 49
Fax : 02 33 73 35 49

Forêt domaniale de Bellême
http://www.parc-naturel-perche.fr/territoire-belleme.asp

Brocante-salon de thé-brunch « La Maison d'Horbé »
La Grande Place
61360 La Perrière
Tél. : 02 33 73 18 41
Mob : 06 79 83 17 96
http://www.lamaisondhorbe.com/

Marché d'art
Tous les ans au mois de mai.
http://cluster006.ovh.net/~marcheda/index.php?page=presse.php

BOURGOGNE

FLAVIGNY-SUR-OZERAIN

Site officiel
http://www.mairie-flavignysurozerain.fr/
Tél. : 03 80 96 21 73

Les anis de Flavigny
Anis de l'abbaye de Flavigny
Tél. :03 80 96 20 83
http://www.anis-flavigny.com

Abbaye bénédictine Saint-Pierre
La crypte Sainte-Reine
Place de l'Église
21150 Flavigny-sur-Ozerain

La Maison des arts textiles et du design
Tel : 03 80 96 20 40
Mob : 06 80 30 98 82 ou 06 08 83 93 82
http://www.algranate.com/

La grange aux Femmes
Place de l'Église
21150 Flavigny-sur-Ozerain
Tél. : 03 80 96 20 62
Fax : 03 80 96 20 62

Les chais du vignoble de Flavigny-Alésia Pont Laizan
21150 Flavigny-sur-Ozerain
Tél. : 03 80 96 25 63
Fax : 03 80 96 25 83
http://www.vignoble-flavigny.com

VÉZELAY

Office de tourisme
12, rue Saint-Étienne
89450 Vézelay
Tél. : 03 86 33 23 69
http://www.vezelaytourisme.com/

Secrétariat de la basilique Sainte-Madeleine
89450 Vézelay
Tél. : 03 86 33 39 50
http://jerusalem.cef.fr/monastiques/ou-nous-trouver/vezelay-sainte-marie-madeleine/horaires-des-offices

Hôtel-restaurant gastronomique du chef Marc Meneau
« L'Espérance »
22, grande Rue
89450 Saint-Père
Tél. : 03 86 33 39 10
http://www.marc-meneau-esperance.com/

BRETAGNE

LOCRONAN

Office de tourisme de Quimper Cornouaille – Site de Locronan
Tél. : 02 98 91 70 14
http://www.locronan-tourisme.com/

Boulangerie-pâtisserie Le Guillou
Kouign amann, gateaux bretons
Place de l'Église
29180 Locronan
Tél. : 02 98 91 70 04
http://www.kouignamann-locronan.fr/

Ti Bihan
Atelier Le Bihan / Le Hir
Rue du Four
29180 Locronan
Magasin / Boutique : Ti Bihan,
Atelier de tissage d'Hervé Le Bihan
Place de l'Église
29180 Locronan
Tél. : 02 98 91 83 78
http://www.tibihan-locronan.com/

SAINT-SULIAC

Site officiel
http://www.saint-suliac.fr/
Tél. : 02 99 58 41 22

Menhir de Chable
Lieu-dit de Chable, sur le mont Garrot
Ferme de Chablé, route de Châteauneuf
(terrain privé)
35430 - Saint-Suliac

École nautique
http://www.nautisme-saint-suliac.com/2012-12-04-09-31-06/2012-12-04-12-41-21.html
Centre nautique de Rennes/Rance Saint-Suliac
Tél. : 02 99 58 48 80

CENTRE

APREMONT-SUR-ALLIER

Site officiel
http://www.apremont-sur-allier.com/
Tél. : 02 48 74 25 60

Parc floral
Classé « Jardin remarquable »
Le Bourg
18150 Apremont-sur-Allier
Tel : 02 48 77 55 00 ou 55 06

Musée des Calèches
Départementale 45
18150 Apremont sur allier
Tél. : 02 48 80 40 17
Fax : 02 48 80 40 17

LAVARDIN

Site officiel
http://www.lavardin.net/

Championnat du monde de la chouine (jeu de cartes)
Chaque premier dimanche de mars.

Château de Lavardin
41800 Lavardin
Tél. 02 54 85 23 30
http://www.lavardin.net
http://www.otsi-montoire.fr

La promenade du poète
Cette promenade, en hommage à Ronsard, qui longe le Loir est appréciée des peintres et photographes. À voir : Le lavoir où jadis les Lavardinoises lavaient leur linge.

Journée des Peintres
Chaque jeudi de l'Ascension
http://www.coeurvaldeloire.com/manifestation41/detail.asp?idoi=FMACEN0410005814&type=agenda-prio

CHAMPAGNE-ARDENNE

SAINT-AMAND-SUR-FION

Se renseigner auprès de :
Monique Fuinel
Tél. : 03 26 73 94 55
monique.fuinel@wanadoo.fr

Site officiel
http://stamandsurfion.asso.fr.pagesperso-orange.fr/geographie.htm

Circuits pédestres
http://stamandsurfion.asso.fr.pagesperso-orange.fr/tourisme.htm

Musée des voitures hippomobiles
51300 Saint-Amand-sur-Fion
Tél. : 03 26 73 94 55

ESSOYES

Office de tourisme
Tél. : 03 25 29 21 27
http://www.ot-essoyes.fr/

Visites guidées avec Bernard Pharisien
Office de Tourisme d'Essoyes et de ses environs
Place de la Mairie
Espace des Renoir
10360 Essoyes
Tél. : 03 25 29 21 27

Du Côté des Renoir
9, place de la Mairie
10360 Essoyes
Tél.: 03 25 29 10 94
http://www.renoir-essoyes.fr/

La Roseraie – Maison d'hôtes
Marie-Claude Dufourneaud et Pierre Menou
6, quai de l'Ource
10360 Essoyes
Tél. : 03 25 38 60 24
Mob : 06 80 10 62 56
http://www.laroseraie-en-champagne.com/

CORSE

CORBARA

Site officiel
http://www.corbara.fr/

Office de tourisme de l'Île Rousse
Tél. : 04 95 60 04 35
http://www.ot-ile-rousse.fr/

Couvent Saint-Dominique
Congrégation Saint-Jean
Tél. : 04 95 60 06 73
Fax : 04 95 60 09 08
http://www.stjean-corbara.com/

Musée de Guy Savelli
À visiter absolument sous la conduite du maître des lieux.
Entrée libre.
Place de l'église
20256 Corbara
Tél. : 04 95 60 06 65

Église collégiale « A nuziata »
Lieu-dit Casa vecchielle
20256 Corbara
Tél. : 04 95 63 06 50
Fax : 04 95 60 00 99
http://www.corbara.fr/

PIANA

Office de tourisme
http://www.otpiana.com/
http://www.piana.fr/
Tél. : 09 66 92 84 42

Découverte des calanques en bateau
http://www.otpiana.com/page.php?id=92&pos=7&reset

Chez Angelo
Boucherie-Charcuterie
Piana
20115 Piana
04 95 27 80 93

Hôtel Capo Rosso
Restaurant « Le Neptune »
Route des Calanches
20115 Piana
Tél. : 04 95 27 82 40
http://www.caporosso.com

Recette des langoustes par Philippine
Coupez les langoustes en deux.
Salez, poivrez, arrosez d'huile d'olive.
Placez deux noix de beurre sur chaque langouste et enfournez de 15 à 20 minutes.

FRANCHE-COMTÉ

BAUME-LES-MESSIEURS

Site officiel
http://www.baumelesmessieurs.fr/
Tél. : 03 84 44 61 41 ou 03 84 44 95 40 (en période touristique)

Abbaye
http://www.tourisme-hauteseille.fr/abbaye-imperiale-de-baume.htm

Chambres d'hôtes de l'Abbaye
Le dortoir des moines
Jocelyne Metroz
Abbaye
39210 Baume-les-Messieurs
Tél. : 03 84 44 97 31
http://www.dortoir-des-moines.info/contact.html

Café-restaurant de l'Abbaye
1, place Guillaume-de-Poupet
39210 Baume-les-Messieurs
Tél. : 03 84 44 63 44
www.restaurant-labbaye.fr

Grottes de Baume
39210 Baume-les-Messieurs
Tel : 03 84 48 23 02 (en saison)
et 03 84 44 61 41 (hors saison)
http://www.baumelesmessieurs.fr/?page_id=324

PESMES

Office de tourisme
http://otvaldepesmes.fr.gd/PAGE-D-h-ACCUEIL.htm
http://www.pesmes.fr/

Mairie
Tél. : 03 84 31 22 27

Le site des forges
Visite toute l'année sur réservation.
Forges de Pesmes
Mob : 06 09 92 44 29
http://forgespesmes.blogspot.com

Base nautique
Pesmes Loisirs
Chemin du Pasquier
70140 Pesmes
Tél. : 09 63 02 04 28
http://www.woka.fr/

Pêche
http://unionaappma.fr/

HAUTE-NORMANDIE

LE BEC-HELLOUIN

Site officiel
http://www.lebechellouin.fr/

Office de tourisme
Tél. : 02 32 45 70 51
www.tourismecantondebrionne.com

Ateliers de faïence du Bec-Hellouin
Les Ateliers du Bec
3, place de l'abbé-Herluin
27800 Le Bec-Hellouin
Tél. : 02 32 43 72 60
http ://www.abbayedubec.com

Abbaye
Ouvert tous les jours
Faire une retraite à l'abbaye,
s'adresser aux moines
Tél. 02 32 43 72 60
Tél. 02 32 43 72 62 (Hôtellerie)

VEULES-LES-ROSES

Site officiel
http://www.veules-les-roses.fr/

Office de tourisme
Tél. : 02 35 97 63 05

Circuits pédestres de la Veules
http://www.plateaudecauxmaritime.com/docs/331-2-veules-les-roses-circuit-du-plus-petit-fleuve-de-france.pdf

Nautisme
http://www.veules-les-roses.fr/dossiers/cat.php?val=46

La vente de cresson
http://www.plateaudecauxmaritime.com/Les-Cressonnieres/VEULES-LES-ROSES/fiche-DEGNOR076FS0006V-1.html

Randonnées
http://www.veules-les-roses.fr/dossiers/dossier.php?val=58

L'huître veulaise
À découvrir toute l'année le samedi
et le dimanche matin sur la plage
de Veules-les-Roses.
L'Huître de Veules
Tél. : 02 35 97 29 98
Mob : 06 89 99 71 28

ÎLE-DE-FRANCE

LA ROCHE-GUYON

Site officiel
http://www.larocheguyon.fr/index.html

Office de tourisme du Val d'Oise
Tél. : 01 30 73 39 20
www.valdoise-tourisme.com

Château de la Roche-Guyon et son jardin potager
1, rue de l'Audience
95780 La Roche-Guyon
Tél. 01 34 79 74 42
http://www.chateaudelarocheguyon.fr/

Banquet citoyen
14 juillet, au château de La Roche-Guyon

Atelier de poterie Olivia Destailleurs
Charrière des Bois
95780 La Roche-Guyon
Tel : 06 20 35 43 17
http://fairedelapoterie.blogspot.fr/

MAINCY

Site officiel
http://www.maincy.com/

Mairie
Tél. : 01 60 68 17 12

Château de Vaux-le-Vicomte
Tél. : 01 64 14 41 90
http://www.vaux-le-vicomte.com/
http://www.maincy.com/

LANGUEDOC-ROUSSILLON

SAINT-GUILHEM-LE-DÉSERT

Office de tourisme
Tél. : 04 67 57 58 83
http://www.saintguilhem-valleeherault.fr/

Randonnée du cirque du bout du monde
http://sentiers.over-blog.com/article-18667685.html

Nicholas Jennings – Parfumerie Sharini
Atelier des Sens
8, rue Font-de-Portal
34150 Saint-Guilhem-le-Désert
Tel : 04 67 02 78 86
http://www.sharini.com/

VILLEFRANCHE-DE-CONFLENT

Site officiel
Tél. : 04 68 96 22 96
http://www.villefranchedeconflent-tourisme.fr

Office de tourisme
Tél. : 04 68 97 04 38
www.office-de-tourisme-canigou-fenouilledes.com

La visite des remparts
Point Information Tourisme.
Tél. : 04 68 96 22 96

Le fort Libéria
Visites
Tél. 04 68 96 34 01
http://www.fort-liberia.com/

Le petit train jaune
http://www.casteil.fr/train%20jaune.htm
http://telechargement.ter-sncf.com/Images/Languedoc_Roussillon/Tridion/FH06_PerpignanLatouV2_tcm-22-82326.pdf

Grottes Canalettes
Tél. : 04 68 05 20 20
http://www.3grottes.com/infos-pratiques.html

LIMOUSIN

COLLONGES-LA-ROUGE

Office de tourisme
Tél. : 05 55 25 47 57
http://www.ot-collonges.fr/

Le Moutardier du Pape
Le Moutardier du Pape
19500 Collonges la Rouge
Tel. : 05 55 25 41 00
Cet établissement ne fait pas restauration.
http://www.lemoutardierdupape.com/fr/informations.htm

TURENNE

Office de tourisme
Tél. : 05 55 24 08 80
http://www.turenne.fr/
http://www.brive-tourisme.com/turenne

L'Échoppe à Doudou
Produits régionaux
Place de la Halle
Tél. : 05 55 22 05 28

Château de Turenne
Tél. : 05 55 85 90 66
Mob : 06 81 59 97 78
http://www.chateau-turenne.com/

LORRAINE

RODEMACK

Office de tourisme
Tél. : 03 82 56 00 02
http://www.tourisme-lorraine.fr/fr/pagetouristique.asp?IDPAGET=846140557&sX_Menu_selectedID=

Syndicat d'initiatives
Tél. 03 82 51 25 50
http://ot.rodemack.pagesperso-orange.fr/2008/depart.htm

Visite guidée du village
Syndicat d'Initiative de Rodemack
Tél. 03 82 51 25 50

Amis des vieilles pierres
http://avp-rodemack.fr

SAINT-QUIRIN

Syndicat d'Initiative de Saint-Quirin et du Pays de l'Entre-Deux Sarres au Donon
Tél. : 03 87 08 08 56
http://saint.quirin.free.fr/Pages/tourisme-info.htm

Club Vosgien : balades et randonnées à Saint-Quirin
Treize promenades circulaires balisées
Tél. : 03 87 08 68 42
Mob : 06 73 70 58 13
http://saint.quirin.free.fr/club-vosgien.html

Pêche à la journée, à la semaine et à l'année
Tél. : 03 87 08 08 56
http://www.pays-sarrebourg.com/poi.html

MIDI-PYRÉNÉES

SAINT-CIRQ-LAPOPIE

Office de tourisme
Tél. : 05 65 31 31 31
http://www.saint-cirqlapopie.com/

Tourneur sur bois
Patrick Vinel
46330 Saint-Cirq-Lapopie
Tél. : 05 65 31 20 54

L'Échappée du Lot
Lot Croisières (près de Saint-Cirq-Lapopie)
46330 Bouzies
Tél. : 05 65 31 72 25
http://www.lot-croisieres.com

Randonnée du chemin de Halage
http://www.saint-cirqlapopie.com/detail/7bc0ce23b2ee6de8c4f9a66e17d5ce7a/301116

CONQUES

Office de tourisme
Tél. : 05 65 72 85 00
http://www.tourisme-conques.fr/

Abbaye Sainte-Foy de Conques
http://www.abbaye-conques.org

Centre Européen de Conques
Programmation culturelle : festivals de musique, conférences, expositions...
Tél. : 05 65 71 24 00
http://www.centre-europeen.com

NORD-PAS-DE-CALAIS

MAROILLES

Site officiel
http://www.maroilles.com/

Syndicat d'initiatives
Tél. : 03 27 77 08 23

Fermes Druesnes
Fabrication de Maroilles
1, ruelle Vendois
59550 Maroilles
Tél. : 03 27 77 71 55
http://www.parc-naturel-avesnois.fr/blog/2012/12/06/ferme-druesnes/

Randonnées pédestres
http://maroilles59.free.fr/Pdf/F_RdFr061.pdf
http://maroilles59.free.fr/Pdf/F_RdFr062.pdf

WISSANT

Site officiel
http://www.ville-wissant.fr/spip/

Mairie
Tél. : 03 21 35 91 22

Kayak de mer et kayak surf
Association La Deule
59000 Lille
Tél. : 03 20 09 13 02
Fax. : 03 20 92 31 23
http ://www.ladeule.com

PAYS-DE-LA-LOIRE

MONTSOREAU

Office de tourisme
Tél. : 02 41 51 70 22
http://www.saumur.tourisme.com

Site officiel
http://www.ville-montsoreau.fr/

Champignonnière du Saut-aux-Loups
Tél. : 02 41 51 70 30
http://www.troglo-sautauxloups.com/

Démonstration/ Initiation au jeu de la boule de fort
La Société l'Union
15, place des Diligences
Sur simple rendez-vous
http://www.ville-montsoreau.fr/version/fr/decouvrir_loisirs_activites-loisirs.html

Château de Montsoreau
Passage du Marquis de Geoffre
49730 Montsoreau
Tél. : 02 41 67 12 60
http://www.chateau-montsoreau.com/

Balades en bateau autour de Montsoreau
L'amarante et la belle Adèle
Port de Montsoreau ou Cale du Bac (Candes-Saint-Martin)
37500 Candes-Saint-Martin
Tél. : 02 47 95 80 85
http://www.bateauamarante.com

SAINTE-SUZANNE

Site officiel
http://www.ste-suzanne.fr/

Office de tourisme des Coëvrons
Tél. : 02 43 01 43 60
www.coevrons-tourisme.com

Château de Sainte-Suzanne
1, rue Fouquet-de-la-Varenne
53270 Sainte-Suzanne
Tél. : 02 43 58 13 00
http://chateaudesaintesuzanne.fr/

Dolmen des Erves
Route d'Assé le Bérenger « Les Erves »
53270 Sainte-Suzanne
Tél. : 02 43 01 43 60

Le Tertre Ganne
53270 Sainte-Suzanne
Tél. : 02 43 01 43 60
Fax : 02 43 01 42 12
http://www.scoevrons-tourisme.com

Musée de l'Auditoire
7, Grande rue
53270 Sainte-Suzanne
Tél. : 02 43 01 42 65
Fax : 02 43 01 42 65
http://www.museeauditoire.jimdo.com

PICARDIE

GERBEROY

Office de tourisme
Tél. : 03 44 46 32 20
http://ot-picardie-verte-valles.com/
http://www.gerberoy.fr/

Jardins Henri le Sidaner
http://www.lesjardinshenrilesidaner.fr/

Fête Médiévale
Tous les ans au mois de mai
Contacter Les Jardins du Vidamé
4, impasse du Vidamé
Tél. : 03 44 82 45 32

PARFONDEVAL

Office de tourisme
http://www.tourisme-thierache.fr/fr

Mairie
Tél. : 03 23 97 78 97

Église fortifiée
Visite libre
Tél. : 03 23 98 50 39
Fax : 03 23 98 87 67
http://www.tourisme-thierache.fr/fr/Histoire-Patrimoine/Eglise-fortifee-de-Parfondeval-PARFONDEVAL

Temple protestant
Visite libre.
Tél. : 03 23 97 63 73

POITOU-CHARENTES

ANGLES-SUR-L'ANGLIN

Office de tourisme
Tél. : 05 49 48 86 87
http://www.anglessuranglin.com/

Les Jours d'Angles
Maison des jours d'Angles et du tourisme, ouverte toute l'année
Tél. : 05 49 48 86 87

Roc aux Sorciers
Centre d'interprétation de la frise magdalénienne du Roc-aux-Sorciers
2, route des Certeaux
86260 Angles-sur-l'Anglin
Tél. : 05 49 83 37 27 de 09 h 30 à 18 heures
http://www.roc-aux-sorciers.com/

Château
Visite libre
Tél. : 05 49 48 61 20

TALMONT-SUR-GIRONDE

Site officiel
http://www.talmont-sur-gironde.fr/

Mairie
Tél. : 05 46 90 43 87

Musée de l'histoire locale et de la pêche
Visites guidées d'avril à septembre
Tél. : 05 46 96 17 85

Visite guidée du village
Réservations : 05 46 96 17 85

PROVENCE-ALPES-CÔTE-D'AZUR

LES BAUX DE PROVENCE

Office de tourisme
Tél. : 04 90 54 34 39
http://www.lesbauxdeprovence.com/

Château des Baux
Tél. : 04 90 54 55 56
www.chateau-baux-provence.com

Circuit du Val d'Enfer
Office de tourisme
Tél. : 04 90 54 34 39

MOUSTIERS-SAINTE-MARIE

Office de tourisme
Tél. : 04 92 74 67 84
http://www.moustiers.eu/

Artisan faïencier
Atelier Bondil
Rue de la Bourgade
www.faiencebondil.fr

Base nautique l'Etoile
Tél. : 04 94 70 22 48
www.etoile.moustiers.fr

Club de voile La Cadeno
Tél. : 04 92 72 56 60
www.lacadeno.fr

La bastide de Moustiers
Auberge – Restaurant – Maison Alain Ducasse
Chemin de Quinson
04360 Moustiers-Sainte-Marie
Tél. : 04 92 70 47 47
http://www.bastide-moustiers.com/

RHÔNE-ALPES

PÉROUGES

Office de tourisme
Tél. : 04 74 46 70 84
http://www.perouges.org/

Visites guidées du village
http://www.perouges.org/
Réservez votre visite en ligne.

YVOIRE

Office de tourisme
Tél. : 04 50 72 80 21
http://www.yvoiretourism.com/accueil_fr.html

Jardin des Cinq sens
http://www.jardin5sens.net/

Dernier vannier de Haute-Savoie
Art et vannerie
Rue de l'Église
74140 Yvoire
Tél. : 06 80 90 79 53
http://www.yvoiretourism.com/chapitre5_fr_3_54.html

INDEX ALPHABÉTIQUE DES VILLAGES PRÉFÉRÉS

Remerciements

Ce livre n'aurait pu voir le jour sans le talent de Stéphane Bern et de Morgane Production.

L'éditeur tient à remercier France Télévisions
et toutes les personnes qui ont participé à l'élaboration de ce projet
et tout particulièrement Françoise Fonquernie pour sa précieuse collaboration.

Morgane Production remercie tous les Maires et les Offices de tourisme
pour leur accueil, ainsi que les habitants, "guides d'un jour" de leurs villages.

Remerciements particuliers à Monsieur Gilles Hardeveld,
Maire de Saint-Cirq-Lapopie et à Monsieur Claude Centlivre, Maire d'Eguisheim.

Morgane Production remercie les belles équipes de France 2,
France Télévisions Distribution, France Télévisions Numérique
et particulièrement : Nathalie André, Nicolas Marinos,
Philippe Vilamitjana, Perrine Fontaine,
Antoine Boilley, Philippe Landré, Emmanuelle Guilcher,
Yann Chapellon, Joseph Jacquet,
Caroline Scherrer, Ségolène Zaug, Pierre-Jean Meurine.

Morgane Production remercie tout particulièrement
Stéphane Bern, l'animateur préféré des Français !

morgane

Crédits photographiques

Toutes les photos proviennent de l'agence HEMIS

Première agence photographique française indépendante spécialisée dans les plus belles images d'évasion, HEMIS (www.hemis.fr) est devenue la référence du monde de l'édition, de la presse magazine, de la communication d'entreprise et de la publicité grâce à son offre de plus de 20 millions d'images.

Elle valorise le travail de grands photographes du monde du voyage (France et monde), de l'art de vivre, de la nature, de l'animalier et du créatif.

Antoni G.: 97m. **Azam J-P.:** 23bd, 151, 155bd, 172bd, 173, 174h, 174bd, 176b, 180bd. **Barbier B.:** 161m. **Barrere J-M.:** 28, 29h, 29b, 30h, 30b, 31h, 31b, 136. **Berthier E.:** 67m, 67b, 68-69, 69b, 71g, 73g, 74hg, 74hd. **Body P.:** 26, 27hg, 27hd, 76, 78-79, 79h, 80b, 81h, 81b, 84h, 84bd, 195bg, 195bd, 196h, 196b, 198-199h, 199bg, 199hd, 200, 201h, 201b, 218, 219bg, 222. **Boisvieux C.:** 54, 55b, 58d, 71d, 99, 100b, 101h, 104. **Bringard D.:** 160. **Cavalier M.:** 224. **Caviglia D.:** 14h, 15, 23bg, 55h, 56, 57, 59h, 60bd, 61, 102b, 166, 166g, 166d, 168, 169h, 169b, 232, 233hd. **Charton F.:** 106. **Chicurel A.:** 24-25, 62-63, 129h, 132, 134h, 194-195h, 203m, 212. **Cintract R.:** 31b. **Colin M.:** 98b. **Cordier S. :** 225b. **Cormon F.:** 43m, 43bd, 46-47, 48b, 119h, 119b, 120g, 121, 129b, 131hg, 131bg, 165b. **Degas J-P.:** 127m, 137b, 161b, 197. **Doelan Y. :** 225h. **Du Boisberranger J.:** 143b. **Escudero P.: 22,** 77m, 88, 89h, 89b, 90, 91hg, 91bd, 171m, 182, 213h, 213m. **Forget J-P.:** 118. **Frilet P.:** 72, 75. **Gardel B.:** 127h. **Gerault G.:** 53b, 107m, 107b, 110. **Giraudou L.:** 11h, 237h. **Gotin M.:** 43h.**Guiziou F.:** 87h, 107h, 108, 109g, 109d, 112-113, 112bg, 112bd, 114, 115h, 137h, 142h, 143h, 144, 145hd, 145b, 146h, 147, 149h, 170, 171b, 227b, 230bg, 231, 238, 239g, 239d, 240h, 240bg, 240bd, 241, 246hg, 246hd. **Guy C.:** 77b, 148, 149m, 149b, 155h, 155bg, 157bg, 157bd, 159h. **Harding R.:** 55m. **Heeb C.:** 66. **Houze P. :**186h, 235hd. **Hughes H.:** 42, 155b, 177h, 163hd. **Jacques P.:** 137m, 138, 175, 178-179, 226, 228-229, 230d, 236, 242-243h, 243b, 244-245, 246bd, 247. **Jon Arnold:** 17, 43b, 49b, 101b, 111b, 183m. **Kauffmann A.:** 203b. **Lemaire S.:** 98h, 102-103, 172bg, 174bg. **Lenain H.:** 27b, 50-51h, 51b, 52g, 52d, 53h, 64h, 64b, 65, 80h, 120d, 150hg, 150hd, 152-153, 154, 156-157h, 158h, 158b, 176-177h, 177b, 193m, 214, 216bg, 216hd, 223h, 223bg, 223bd, 233hg, 235g. **Leroy F.:** 82h, 82b, 83, 146b, 192, 193b, 215, 220-221. **Lescourret J-P.:** 9m. **Maisant L.:** 64m. **Mattes R.:** 8, 9h, 10-11, 14b, 16h, 16b, 18, 19h, 19b, 105h, 162-163h, 163bg, 164h, 164b, 165h. **Moirenc C.:** 87b, 96, 97h, 190h, 225m, 234, 235bd, 237b. **Moulu P.:** 131bd, 204-205, 206, 207hg, 207hd, 207bd, 208, 209g, 209d, 210, 211h, 211b. **Rabouan J-B.:** 77h. **Rieger B.:** 11b, 12-13, 44-45, 59b, 70, 74b, 84bg, 92g, 92d, 93, 94, 95h, 95b, 116, 177b, 122h, 122b, 123, 124g, 124d, 125, 127b, 128, 130, 133h, 133b, 134b, 135, 140-141, 219bd, 230hg. **Rigoulet G.:** 49h, 177m, 190bd. **Roy P.:** 193h, 237m. **Sarramon C.:** 180bg. **Serrano A.:** 126. **Soberka R.:** 87m, 183h, 184-185h, 186b, 187h, 187bg, 187bd, 188, 189, 191hg, 191hd, 202. **Sonnet S.:** 60bg, 141d. **Stichelbaut B.:** 67h. **Sudres J-D.:** 9b, 20, 21h, 21m, 21b, 29b, 30b, 86, 103b, 145hg, 159b, 161h, 171h, 181, 183b, 185b, 203h, 213b, 216. **Suetone E.:** 97b.

hemis-Fr
TRAVEL&LIFESTYLE | IMAGES

Sauf les images des pages 18g, 44bg, 48h, 68b, 73d, 91hd, 100h, 105b, 111h, 131hd, 142b, 181d, 190bg, 216bd, captures d'écran de l'émission *Le Village préféré des Français*, diffusée par France Télévisions, conçue et produite par Morgane Production et la photo p.58hg, © **Les anis de Flavigny.**

Conception graphique et mise en pages : Artimon – Gilles Ittel

Collaboration rédactionnelle : Françoise Fonquernie

Edition : Liza Person-Lisiecki, Fanny Morgensztern, Lucie Garillon

Relecture : Sylvie Rouge-Pullon

Fabrication : Murielle Meyer, Titouan Roland, Marion Benard

Photogravure : Reproscan

Achevé d'imprimer en septembre 2013
par Printer Portuguesa (Portugal)